SOZIOLOGIE

FORUM
DER DEUTSCHEN GESELLSCHAFT FÜR SOZIOLOGIE

Heft 1 • 2021

Herausgeberin im Auftrag von Konzil und Vorstand der Deutschen Gesellschaft für Soziologie:
Prof. Dr. Sina Farzin (verantwortlich im Sinne des Presserechts)
Redaktion: Prof. Dr. Sylke Nissen und Dipl. Pol. Karin Lange, Universität Leipzig, Institut für Soziologie, Beethovenstraße 15, D-04107 Leipzig, E-Mail: soz-red@sozio.uni-leipzig.de, Tel.: 0341/97 35 648 (Redaktion) oder 089/6004 3139 (Sina Farzin)

Vorsitzende der Deutschen Gesellschaft für Soziologie:
Prof. Dr. Birgit Blättel-Mink, Goethe-Universität Frankfurt am Main, Institut für Soziologie, Theodor-W.-Adorno-Platz 6, D-60323 Frankfurt am Main, E-Mail: b.blaettel-mink@soz.uni-frankfurt.de, Tel.: 069/798 36660
Geschäftsstelle der Deutschen Gesellschaft für Soziologie:
Dr. Sonja Schnitzler (Leitung), DGS c/o Kulturwissenschaftliches Institut Essen, Goethestraße 31, D-45128 Essen, E-Mail: sonja.schnitzler@kwi-nrw.de, Tel.: 0201/1838 138, Fax: 0201/1838 232
Schatzmeisterin der Deutschen Gesellschaft für Soziologie:
Dr. Larissa Schindler, Johannes Gutenberg-Universität Mainz, Institut für Soziologie, Jakob-Welder-Weg 12, D-55128 Mainz, E-Mail: larissa.schindler@uni-mainz.de, Tel.: 06131/39 29425

Aufnahmeanträge für die DGS-Mitgliedschaft und weitere Informationen unter www.soziologie.de

Die Zeitschrift *Soziologie* erscheint viermal im Jahr zu Beginn eines Quartals. Redaktionsschluss ist jeweils acht Wochen vorher. Für Mitglieder der DGS ist der Bezug der Zeitschrift im Mitgliedsbeitrag enthalten. Beiträge in der SOZIOLOGIE werden erfasst über EBSCO Sociology Source Ultimate sowie in den CSA Sociological Abstracts und dem Sozialwissenschaftlichen Literaturinformationssystem SOLIS, beide erreichbar über Gesis – Sowiport (sowiport.gesis.org).

Campus Verlag GmbH, Kurfürstenstraße 49, D-60486 Frankfurt am Main, www.campus.de
Geschäftsführung: Marianne Rübelmann
Programmleitung: Dr. Judith Wilke-Primavesi
Anzeigenbetreuung: Claudia Klinger, Julius Beltz GmbH & Co. KG, Postfach 100154, D-69441 Weinheim, Tel.: 06201/6007-386, E-Mail: anzeigen@beltz.de
Fragen zum Abonnement und Einzelheftbestellungen: Beltz Medien-Service, Postfach 100565, D-69445 Weinheim, Tel.: 06201/6007-330, E-Mail: medienservice@beltz.de

Bezugsmöglichkeiten für Nichtmitglieder der DGS:
Jahresabonnement privat 78 €, Studierende / Emeriti 35 €
Jahresabonnement Bibliotheken / Institutionen 118 € print / 177 € digital (nach FTE-Staffel)
Alle Preise zuzüglich Versandkosten. Alle Preise und Versandkosten unterliegen der Preisbindung. Kündigungen des Abonnements müssen spätestens sechs Wochen vor Ablauf des Bezugszeitraums schriftlich mit Nennung der Kundennummer erfolgen.

Druck: Beltz Grafische Betriebe GmbH, Bad Langensalza
ISSN 0340-918X

Inhalt

Nachrichten aus der Soziologie

Liebe Kolleginnen, liebe Kollegen,

ich hoffe, Sie sind gut in das Jahr 2021 gestartet. Mit allzu viel Wehmut haben Sie 2020 vermutlich nicht verabschiedet. Oder etwa doch? Denn während man sich alltagsweltlich zunehmend nach weniger Verunsicherung und mehr ›alter‹ statt ›neuer‹ Normalität sehnte, kam und kommt man soziologisch aus dem Staunen kaum heraus: darüber, wie entschieden nationale Politik das soziale Leben in allen Facetten pandemiebedingt regulierte (oder anderenorts eben nicht), wie schnell Alltagsroutinen neu definiert werden können – Händeschütteln wird durch *fist bumps* und Ellenbogengrüße ersetzt – oder wie tief von Knappheitsphantasmen angetriebene, sehr spezifische Konsumwünsche eigentlich kollektiv blicken lassen. Nicht zuletzt für die soziologische Beschäftigung mit der Wissenschaftskommunikation lieferte das vergangene Jahr Material für gleich mehrere zukünftige Forschungsverbünde. Das vielgescholtene »Defizitmodell«, also die Vorstellung, dass wissenschaftliche Erkenntnisse monologisch aus der Wissenschaft heraus in die Öffentlichkeit vermittelt werden, erschien auf einmal nicht mehr ganz so angestaubt angesichts der Begeisterung, mit der Viele zum Beispiel virologischen Podcasts folgten. Und auch die Unvereinbarkeiten der Funktion und Form wissenschaftlichen und medial inszenierten Streitens, die in der öffentlichen Diskussion immer wieder für Zündstoff sorgten, dürften noch einiges an kommender sozialwissenschaftlicher Beschäftigung nach sich ziehen.

Jenseits der interessierten Beobachtung und wissenschaftlichen Analyse pandemiebedingter Wissenschaftskommunikation betreffen die tieferliegenden Fragen aber auch die Soziologie selbst. Wie und in welcher Form wissenschaftliche Erkenntnisse jenseits der eigenen *scientific community* kommuniziert werden sollen oder können und an wen sich solche Kommunikationsangebote überhaupt konkret richten, sind zentrale aktuelle Fragen, die nicht zuletzt durch politische Aufforderungen und neue Vorgaben bei der Verteilung von Drittmitteln an Dringlichkeit gewinnen. Bereits im letzten Heft haben wir von der DGS co-initiierte Stellungnahmen zur aktuellen Debatte um die Wissenschaftskommunikation veröffentlicht, denen sich inzwischen zahlreiche wissenschaftliche Verbände und Gesellschaften aus unterschiedlichen sozial-, kultur- und naturwissenschaftlichen Disziplinen angeschlossen haben. Der so angestoßene interdisziplinäre Dialog findet seine Fortsetzung auch in diesem Heft, in dem wir eine Online-Diskussion anlässlich des digitalen Workshops zur Wissenschaftskommunikation in den Gesellschaftswissenschaften dokumentieren, den die DGS gemeinsam mit anderen Fachgesellschaften im vergangenen Herbst organisiert hat. Inwieweit die in der Positionierung der DGS zum Grundsatzpapier des BMBF zur Wissenschaftskommunikation angestrebte Etablierung eines konstruktiven Austauschs mit der Politik gelingt, wird das neue Jahr zeigen.

Herzlich, Ihre
Sina Farzin

Soziologie, 50. Jg., Heft 1, 2021, S. 7–25

Herausforderungen und Chancen von Wissenschaftskommunikation in den Gesellschaftswissenschaften[1]

Birgit Blättel-Mink, Alexander Bogner, Benedikt Fecher, Julika Griem, Lars Rinsdorf, Paula-Irene Villa Braslavsky

Vorbemerkung

Wissenschaftskommunikation ist nicht in aller, aber doch in immer mehr Menschen Munde. Die Politik fordert sie immer stärker ein, Teile der Zivilgesellschaft messen wiederum Politik an ihrer Orientierung an *der* Wissenschaft, dabei ist, je nach Konstellation und politischer Ausrichtung, manchen diese Orientierung selbst ein Problem (›undemokratische Expertokratie‹), anderen viel zu wenig (›Science Marches‹). Forschungs- und Forschungsförderorganisationen in Deutschland erwarten von Forschenden, (deutlich) mehr (oder überhaupt) Wissenschaft ›in die Gesellschaft‹ zu tragen: Wissenschaft solle sich als sinnvoll, nützlich, ergiebig, interessant, lohnend erweisen – dazu müsse sie sich der Gesellschaft nachvollziehbar erklären. Denn schließlich gehe es um reichlich Steuergelder, um ein öffentliches Gut, das von *der Gesellschaft* alimentiert werde. Wissenschaft, so lässt sich zudem vernehmen, sei bislang viel zu eingekapselt und abgehoben, deutlich zu wenig daran interessiert, sich verständlich zu machen.

Zugleich lässt sich andererseits feststellen, dass, wer das eigene wissenschaftliche Wissen in die Gesellschaft hinein (und wie manche sagen würden, aus dem Elfenbeinturm heraus) trägt, von den einen Anerkennung erhält,

1 Online-Diskussion zum Abschluss des digitalen Workshops der Deutschen Gesellschaft für Soziologie (DGS) in Kooperation mit der Österreichischen (ÖGS) und der Schweizerischen Gesellschaft für Soziologie (SGS) unter Beteiligung der Deutschen Gesellschaft für Publizistik- und Kommunikationswissenschaft (DGPuK) am 1. und 2. Oktober 2020.

von den anderen hingegen massive Kritik. Reputationsförderlich im akademischen Sinne ist Wissenschaftskommunikation eher nicht. Und dies aus, zum Teil jedenfalls, guten Gründen. Denn Sichtbarkeit in den Medien, insbesondere den digitalen, und der in ihnen angelegten Beschleunigung und auf Spannendes, Gefühliges, Storytelling ausgelegten Logik ist der langsamen, skeptischen, nüchternen und evidenzorientierten akademischen Form ziemlich fern. Kritisch beäugt also von der Zivilgesellschaft, den sozialen Medien, aber auch von der wissenschaftlichen Community selbst ist Wissenschaftskommunikation insgesamt wohl eher Zumutung denn aufregende Herausforderung für Forschende. Das gilt sicher nicht für alle Soziolog/innen, und interessanterweise ist derzeit gerade die Soziologie medial so präsent wie wenig andere Disziplinen.

Wissenschaftskommunikation, der Transfer von auf Basis wissenschaftlicher Methoden produzierten Wissens in wissenschaftliche und außerwissenschaftliche Kontexte wie Wirtschaft, Politik, Bildung, soziale Bewegungen, öffentliche Diskussion fordert zudem die Wissenschaftsfreiheit heraus: Wozu soll geforscht werden, welches Wissen, welches Know-How benötigen Wirtschaft, Politik, Zivilgesellschaft – und welche (Sub-)Disziplinen sind dementsprechend wichtig und förderungswürdig und welche nicht? Der öffentliche und (forschungs-)politische Druck, Wissenschaftskommunikation zu betreiben, mag also auch dazu beitragen, die Inhalte der Forschung mit zu beeinflussen, ganz abgesehen von den Herausforderungen an Wissenschaftskommunikation in ›illiberal‹ gesteuerten Gesellschaften, etwa Ungarn oder Brasilien.

Diese und weitere Zusammenhänge wurden im Rahmen des Workshops »Herausforderungen und Chancen von Wissenschaftskommunikation in den Gesellschaftswissenschaften« genauer betrachtet, nachdem die Deutsche Gesellschaft für Soziologie gemeinsam mit anderen Fachgesellschaften in zwei Stellungnahmen zur Wissenschaftskommunikation im Dezember 2019 und im August 2020[2] bereits öffentlich Position bezogen und die Relevanz des Themas markiert hatte. Für dessen eingehendere Behandlung wurden im Workshop[3] theoretische und praktische Perspektiven präsentiert und diskutiert. Die gewonnenen Erkenntnisse sowie Einwürfe und Fragen der Workshopteilnehmer/innen sind in die nun hier dokumentierte[4] Abschlussdiskussion eingeflossen.

2 Beide abgedruckt in Heft 4/2020 der SOZIOLOGIE.

3 Programm und Konzept finden sich auf der Homepage der DGS.

4 Herzlichen Dank für die Transkription an Redaktion und Herausgeberin der SOZIOLOGIE.

Es diskutierten:

Birgit Blättel-Mink, Professorin für Soziologie mit dem Schwerpunkt Industrie- und Organisationssoziologie an der Goethe-Universität Frankfurt am Main und Vorsitzende der Deutschen Gesellschaft für Soziologie,

Alexander Bogner, Senior Fellow an der Österreichischen Akademie der Wissenschaften, Lehrbeauftragter an der Universität Wien und Präsident der Österreichischen Gesellschaft für Soziologie,

Benedikt Fecher, Forschungsprogrammleiter am Alexander von Humboldt Institut für Internet und Gesellschaft sowie Mitglied einer Arbeitsgruppe zur Wissenschaftskommunikation an der Berlin-Brandenburgischen Akademie der Wissenschaften,

Julika Griem, Literaturwissenschaftlerin, Direktorin des Kulturwissenschaftlichen Instituts Essen und Vizepräsidentin der Deutschen Forschungsgemeinschaft,

Lars Rinsdorf, Professor am Institut für qualitative Medien- und Innovationsforschung der Hochschule der Medien in Stuttgart und Vorsitzender der Deutschen Gesellschaft für Publizistik- und Kommunikationswissenschaft, sowie

Paula-Irene Villa Braslavsky, Professorin für Soziologie und Gender Studies an der Ludwig-Maximilians-Universität München und Vorstandsmitglied der Deutschen Gesellschaft für Soziologie.

Im Laufe der Diskussion schalteten sich weitere Workshopteilnehmer/innen in das Gespräch ein.

Birgit Blättel-Mink: Herzlich willkommen! Wir möchten die Gelegenheit nutzen, einerseits die bisherige Diskussion zusammenzufassen, andererseits einen Ausblick in die Zukunft der Wissenschaftskommunikation zu wagen. Folgende Fragen aus der bisherigen Veranstaltung wollen wir intensiver diskutieren:

- Wenn die Wissenschaft bzw. ihre Ergebnisse aus der Gesellschaft heraus angefragt wird, geht es dann eher um Personen oder um Inhalte?
- Wie verstehen wir Wissenschaftskommunikation? Ist sie ein komplexes Phänomen oder können wir sie einfach als jede Art von Kommunikation aus der Wissenschaft heraus verstehen?
- Dann soll es um Übersetzungsformen, Übersetzungsformate und unterschiedliche Medien gehen.
- Und schließlich der Blick in die Zukunft: Wie und wo kann Wissenschaftskommunikation künftig stattfinden und mit welcher Intention?

Julika Griem: Wir sind Fachwissenschaftler/innen, die Kommunikation in vielfältiger Form betreiben, als Privatpersonen, in der Familie, im Freundeskreis und in unseren jeweiligen Disziplinen. Aber wir nehmen uns auch heraus, dieses Phänomen analysieren zu können und zu wollen. Daraus ergibt sich für mich ein interessantes Spannungsfeld: Wir erheben einerseits den Anspruch, Praxis zu analysieren – dabei möchte ich mich persönlich möglichst fernhalten von Normativität. Gleichzeitig sind wir aber immer häufiger damit konfrontiert, Praxis gestalten zu müssen, in unseren jeweiligen institutionellen Umgebungen. Dann kommt man mit einem »sich Fernhalten« von Normativität nicht mehr weiter. Das erzeugt Konflikte.

Persönlich interessieren mich drei Komplexe: Erstens zunächst das, was bisher mit Komplexität angesprochen wurde. Da begegnen mir oft Situationen, in denen gesagt wird, dass Komplexität oder ein Vergnügen an Irritabilität ein Luxusphänomen ist, das elitär konturiert ist. Ich glaube das nicht. Ich glaube, dass es eine Kultivierung von Reflexivität gibt, die auch affektiv ansprechend ist. Wir müssen sie nur anders gestalten. Das wäre für mich das wichtigste »Teilprojekt« in dieser ganzen Konstellation. Es ist eine ziemliche Herausforderung, weil man sich nicht nur zerebral, nicht nur rationalistisch mit Reflexivität beschäftigen muss.

Der zweite Punkt, der die Formen betrifft, interessiert mich vor allem als Literaturwissenschaftlerin. Mein Blutdruck steigt immer etwas an, wenn ich mit Storytelling in Kontakt trete, weil hier für mich ein Punkt liegt, bei dem viele problematische Formen von Personalisierung, Dramatisierung und

Heldenbildung ins Spiel gebracht werden. Und ich versuche aktiv gegen diese Formen von Wissenschaftskommunikation anzuarbeiten.

Daraus kann man drittens noch weiterentwickeln, dass mich auch interessiert, wo diese Fetischisierung von Storytelling ins Spiel kommt. Sie kommt da ins Spiel, wo neue Akteure die Professionalisierung von Kommunikatoren mitgestalten. Was wir uns genauer anschauen sollten, ist die Grauzone von Fortbildung, Coaching und Weiterbildung, die auch immer unübersichtlicher wird und die nicht überall qualitätsgeprüft ist, denn hier wird simplifizierendes Storytelling auf vielen Ebenen eingespeist und zwar auch in der Academy. Hier müsste man genau schauen, wo sich dieses oft implizite Routinewissen ins System bringt, das dann die Praxis der Kommunikation auch normativ bestimmt.

Wer sagt denn eigentlich, dass ›das Volk‹ da draußen etwas nur versteht, wenn es als eine bestimmte Art von Geschichte erzählt wird? Ich glaube das einfach nicht und ich bin Erzähltheoretikerin. Soviel erstmal zum Auftakt!

Alexander Bogner: Zunächst zwei Aspekte: Der eine betrifft die Wissenschaftskommunikation selbst. Es heißt ja Wissenschaftskommunikation und nicht Wissenschaftsjournalismus. Genau dieser Begriff der Kommunikation soll uns darauf hinleiten, dass wir uns verstärkt über folgende Frage Gedanken machen: Wie können wir sicherstellen, dass nicht nur die Wissenschaft auf die Gesellschaft einredet, sondern dass die Gesellschaft auch die Gelegenheit hat zu antworten?

Bei dieser Diskussion sind auch Erfahrungen wichtig, die wir bereits seit 20 oder 30 Jahren im Bereich der Wissenschafts- und Technikkontroversen gesammelt haben. Dabei ging es auch darum, Formate zu finden, um das Publikum ins Gespräch zu bringen. Es kann nicht nur darum gehen, Fakten oder Inhalte zu vermitteln, sondern auch darum, die hinter bestimmten Kontroversen verborgenen Werte, Divergenzen und Interessenkonflikte klar und verhandelbar zu machen.

Ansonsten machen wir den Fehler, dass wir sehr stark auf Wissen fokussieren, wo es eigentlich in erster Linie gar nicht um Wissen geht oder um Wissen gehen sollte. In Wirklichkeit stören sich die Leute an bestimmten Entwicklungen, die mit ihren Weltbildern, Naturbildern, Geschlechtervorstellungen etc. zu tun haben. Das heißt also, das wäre ein Plädoyer für verstärkt partizipative Formate.

Der zweite Aspekt betrifft die Wissenschaftskommunikation selbst. Wir haben die Wissenschaft sehr großzügig als Kollektivsingular verhandelt und haben uns weniger Gedanken darüber gemacht, was eigentlich die Summe der Wissenschaften ausmacht. Martina Merz hat in ihrem Beitrag[5] bereits Differenzierungen eingezogen. Der Hinweis darauf, dass wir es mit ungeheuer unterschiedlichen Fachkulturen zu tun haben, ist dabei ganz wichtig. Das dürfen wir nicht aus den Augen verlieren. Ansonsten sind wir bei *Science Marches* unterwegs und erzählen unserem teilweise verdutzten Publikum: »Wir haben die Fakten und es gibt keine Alternative zu den Fakten«, obwohl wir wissen, dass wir jeden Tag Alternativen zu diesen Fakten entwickeln. Es ist wichtig, sich klar zu machen, was wir fachkulturenspezifisch vermitteln wollen. Was wollen die Sozialwissenschaften? Was will die Soziologie?

Da kann es nicht nur darum gehen, Fakten außer Streit zu stellen, sondern es muss auch darum gehen, wie Fakten in der Wissenschaft hergestellt werden. Wir haben Fakten, aber die Fakten funktionieren nur auf der Basis von stabilisierenden Referenzrahmen. Wenn man den Referenzrahmen vergisst, dann glaubt man an die natürlichen Fakten. Ein ganz wichtiges Geschäft der Wissenschaftskommunikation wäre, Wissenschaft insgesamt in ihrem Prozess der Faktenherstellung transparenter zu machen. Es geht nicht nur um Inhalte, sondern auch um Prozesse.

Die Corona-Krise hat sehr schön gezeigt, wie Wissenschaft diese Krisenphase für sich selber nutzen konnte um vorzuführen, wie Lernprozesse stattfinden, und wie die Situation auch genutzt wurde, um Einsichten in die wissenschaftliche Wissensproduktion zu geben – mit all ihren Uneindeutigkeiten und ihren Vorläufigkeiten.

Paula-Irene Villa Braslavsky: Es ist sehr interessant, wie sich dieser Beitrag mit dem Input von Julika Griem verknüpft. In welchen Formen kann Wissenschaftskommunikation geschehen, welche Formen haben sich bewährt, welche werden gerade in Frage gestellt?

Lars Rinsdorf: Ich möchte auf einen Punkt eingehen, den Julika Griem eben angesprochen hat, nämlich diese Doppelrolle, die wir haben: einerseits als Akteur/innen auf diesem Feld und andererseits als Beobachtende. Ich glaube, das hilft uns zu verstehen, wie wir mit diesem Komplexitätsproblem umgehen müssen. Wenn wir als Wissenschaftler dieses Feld analysieren, wird man immer diese Komplexität brauchen.

Wir haben unterschiedliche Öffentlichkeiten, die sich um unterschiedliche Themen neu bilden und auch unterschiedliche Formen ausbilden. Das

5 »Arenen, Szenarien, Anliegen: Wissenschaftskommunikation aus Sicht der Science and Technology Studies«, Vortrag von Martina Merz auf dem Workshop.

müssen wir analytisch im Blick behalten um zu verstehen, wie Wissenschaftskommunikation funktioniert.

Wenn wir uns das als Akteur/innen auf diesem Feld angucken, kann man einen engeren Kommunikationsbegriff verwenden. Man kann keine Strategie der Wissenschaftskommunikation als gut oder weniger gut bewerten, wenn der Rahmen nicht klar vorgegeben ist.

Wo wollen wir mit Wissenschaftskommunikation hin? Wir haben im Vortrag von Andrea Pető[6] am Beispiel Ungarns gesehen, dass so ein »Warum« ganz unterschiedlich beantwortet werden kann. Es kann wie in Ungarn um Legitimation von Wissenschaft gehen, wo mit ganz anderen Instrumenten gearbeitet wird, mit einem ganz anderen Publikum, aber auch mit ganz anderen Kanälen, die bespielt werden, als wenn wir in einem anderen Kontext unterwegs sind und lediglich auf Ergebnisse aufmerksam machen wollen, die wir als Wissenschaftlerinnen und Wissenschaftler für wertvoll halten. Ein weiterer wichtiger Punkt für die Diskussion wäre die Frage nach der Zukunft von Wissenschaftskommunikation. Was sind die Ebenen, wo befinden wir uns da jeweils und was ist der Zweck und das Ziel einer Kommunikation, wenn ich eher als Akteurin oder als Akteur agiere?

Benedikt Fecher: Ich möchte meinen Input auf den Elefanten im Raum konzentrieren und der heißt letztendlich Corona. Corona hat unmittelbaren Einfluss, wie wir in der Wissenschaft, aber auch extern Wissenschaft kommunizieren. Es macht in diesem Kontext Sinn, sich der Zukunft zu widmen, indem man in die unmittelbare Gegenwart schaut.

Corona ist ein Brennglas, das zeigt, was in der Wissenschaftskommunikation funktioniert, was vorher nicht funktioniert hat und was auch anders funktionieren kann. Es funktioniert recht viel. Interessant sind jedoch die Punkte, die vor Corona im erweiterten Bereich der Wissenschaftskommunikation schon nicht funktioniert haben. Beispielsweise ist die Produktivität von Wissenschaftlerinnen während der Akutphase zurückgegangen. Das liegt daran, dass die Hauptlast der Erziehung bei der Schul- und Kitaschließung auf die Frauen zurückgefallen ist. Hier muss man sich um die strukturellen Bedingungen für Wissenschaftskommunikation, für wissenschaftliche Kommunikation kümmern.

Ich möchte einen Punkt hervorheben, der damit zu tun hat, wie wir die Prozesshaftigkeit und die Komplexität von Wissenschaftskommunikation

---

6 »Die Wissenschaftspolitik des illiberalen Polyporenstaates«, Vortrag von Andrea Pető auf dem Workshop.

verstehen: Das ist die Rolle von Preprints. Wir haben in der Coronaphase gesehen, dass Preprints öffentlich diskutiert wurden. Ein Beispiel ist ein Beitrag von Professor Drosten auf seiner privaten Homepage, der von der Bildzeitung kampagnenartig genutzt wurde. An dem Phänomen ist interessant, dass Preprints vormals rein innerwissenschaftlich Bedeutung hatten und für die externe Wissenschaftskommunikation vollkommen irrelevant waren. Plötzlich wurden in einer durch Corona stimulierten Öffentlichkeit solche Formate und damit innerwissenschaftliche Prozesse diskutiert. Das ist ein ganz interessantes Indiz dafür, wie man Wissenschaftskommunikation auch begreifen kann, nämlich als eine Form der Offenheit. Dabei betrifft Offenheit den kompletten Prozess. Offenheit hat dahingehend etwas mit Wissenschaftskommunikation zu tun, dass der Prozess Gegenstand der Wissenschaftskommunikation sein kann und dass auch ehemals geschlossene innerwissenschaftliche Prozesse zum Gegenstand öffentlicher Wissenschaftskommunikation werden können. Wir müssen uns mit der Frage beschäftigen, wie man mit der Prozesshaftigkeit von Wissenschaftskommunikation auch nach der Krise umgehen will.

Lars Rinsdorf: Herr Fecher, danke für Ihre Einschätzung. Ich stimme Ihnen zu, Corona ist ein Brennglas, allerdings eines, das uns für die Zukunft nicht viel weiterhilft. Denn was wir unter dem Brennglas sehen, sind Phänomene, die Wissenschaft und Wissenschaftskommunikation immer schon schwierig gemacht haben: relativ starke Einflussnahme von Politik, relativ starke Ökonomisierung, Solutionismus und Ansprüche an Wissenschaft, unmittelbar etwas zu leisten. Das sind Punkte, die in dieser Krise klar geworden sind. Ich glaube allerdings, dass die Dynamik, die Wissenschaftskommunikation antreibt, eine andere ist. Diese Dynamik wird getrieben durch Technologie, Digitalisierung, sich verändernde Marken, Plattformen – sowohl im Social Media Bereich als auch in der Wissenschaftskommunikation. Das führt zu einer hyperkompetitiven Umgebung, die alle Akteurinnen und Akteure auf dem Feld dazu zwingt, unglaublich flexibel zu handeln. Das ist für Wissenschaft eine Herausforderung, weil sich die Tempi immer mehr entsynchronisieren. Das hat aber mit Corona nichts zu tun, sondern das ist eine technologische Dynamik.

Was wir unter dem Stichwort Preprints erleben, ist eine Adaption dessen, was wir aus einer Maker-, einer Gründerkultur kennen: Ein *Permanent Beta* ist vielleicht derzeit in Ordnung, weil wir es jetzt brauchen und wir versuchen einen Markt zu gestalten. Diese Analogie ist jedoch für Wissenschaft schwierig. Aber vielleicht lassen sich neue Formen finden, wie kollaborative Qualitätssicherung anders organisiert werden kann, um dieses Tempo mitgehen zu können. Aus medienökonomischer Perspektive sehe ich nicht, dass wir uns als Wissenschaft diesen Imperativen entziehen können. Die Silicon Valley-Konzerne haben eine große Deutungsmacht und eine ökonomische Macht erlangt, der man sich stellen muss, ob man mag oder nicht.

Julika Griem: Ich stimme völlig zu. Es gibt völlig unterschiedliche temporale Eigenlogiken in den Disziplinen, innerhalb derer wir auf diese ökonomischen und technologiegetriebenen Veränderungen reagieren.

Klar ist die Krise ein Brennglas, ein Katalysator und sie lehrt uns alles Mögliche, aber die Frage ist ja nicht nur, was macht die Krise mit uns, sondern was machen wir auch mit Krisen. Wenn wir Wissenschaftskommunikation nur krisengetrieben verändern, bewegen wir uns in einem sehr engen Raum. Bei der DFG war sehr interessant zu sehen, dass auf der einen Seite die Pandemie natürlich Vieles verändert: Wir haben jetzt ein anderes Verhältnis zu diesen Kommunikationsproblemen. Wir müssen aber auch aufpassen, dass wir nicht krisengetrieben zu Verschiebungen kommen, die sich für bestimmte Fächer problematisch auswirken könnten.

Und noch ein Punkt zu dem was Sie, Herr Rinsdorf, angesprochen haben: Es gibt einen Konzern, der heißt *Narrative Science*, dessen Produkt sind durch einen Algorithmus geschriebene Texte. Die vermarkten das bisher nur in der Sportreportage. Aber es wird nicht mehr lange dauern oder es passiert vermutlich schon, dass wir uns auch im wissenschaftlichen Publikationswesen mit solchen maschinengeschriebenen Texten befassen müssen, die uns dann das Problem auferlegen, unser ganzes System zur Belohnung individueller Leistung, das ja menschengestützt ist, zu verändern. Das sind nochmal ganz andere Probleme.

Paula-Irene Villa Braslavsky: Der Guardian hat dieses Experiment bereits gemacht und Texte publiziert. Das ist schon ein bisschen *creepy* wie selbst unsereiner, die wir uns ja für aufgeklärt, sensibel und reflexiv halten, bei diesen Texten eben nicht unterscheiden kann, was maschinengeschrieben ist und was von einem akademisch intellektuell geschulten Menschen geschrieben wurde. Das finde ich auch in Bezug auf die Formen und die Formate enorm wichtig, die wir zukünftig haben werden und wählen.

Benedikt Fecher: Ich glaube, Herr Rinsdorf, Sie haben meine Aussage etwas eigenwillig gedeutet. Was die Rolle von Plattformen betrifft, so finde ich das hochspannend. Viele Methoden, die wir heute benutzen, sind abhängig von den APIs, von den Programmierschnittstellen, die wir von den Plattformen bekommen. Wir sind abhängig davon, was wir überhaupt an Metadaten bekommen. *Altmetrics* als Beispiel bezieht sich im Grunde auf die APIs von Plattformen wie Twitter, Facebook, Blogs etc. und zählt die Nennungen von DOIs. *Altmetrics* und generell wissenschaftliche Praktiken, die von privaten Infrastrukturen abhängig sind, können unter dem Begriff der Offenheit als eine Form von Wissenschaftskommunikation betrachtet werden. Des Weiteren: In der Regel werden innerwissenschaftliche Produkte wie Artikel an der Verbreitung der DOI gemessen. Die DOI hat eine rein innerwissenschaftliche Wertigkeit und bei *altmetrics* tun wir so, als würde die Verbreitung dieser DOI eine Aussage über die gesellschaftliche Relevanz eines Inhalts treffen können.

Ich würde gern noch die These in die Diskussion einbringen, dass die Digitalisierung die möglichen Figurationen, die auch gesellschaftliche Akteure mit einbeziehen, verändert. Das heißt, potenziell erhöht sich die Schlagzahl. Das bedeutet nicht, das wir mehr öffentliche Debatten bekommen und Wissenschaft öffentlicher stattfindet, sondern dass Debatten und Interventionen in der Öffentlichkeit schneller stattfinden können. Das bezieht sich beispielsweise auf die Art und Weise, wie wir Daten mit sowas wie den APIs bei den großen Plattformen erheben, und geht dann über zu Datenrepositorien und Blogs. Digitalisierung hat einen Einfluss auf die Art und Weise, wie wir Wissenschaft kommunizieren, intern wie extern. Es gibt neue Formen der Offenheit und damit neue Figurationen, die durch Digitalisierung möglich werden. Ich finde Offenheit in dieser Hinsicht einen besseren Begriff als Wissenschaftskommunikation. Es braucht auch eine Deliberation dahingehend, zu welchem Zeitpunkt wir wie offen sein wollen und für wen und mit welchem Hinblick auf die Themen, die wir diskutieren wollen.

Martina Franzen: Ich möchte gern auf den Punkt des Preprints zurückkommen: Was sagt uns das eigentlich, dass in Anbetracht der aktuellen Situation nicht abgewartet werden kann? Das ist aus meiner Sicht in der zeitlichen Dimension interessant, aber was heißt das eigentlich für die sachliche Dimension? Man glaubt ja umgekehrt, dass es sich bei begutachteten Artikeln um Fakten handeln würde, das heißt, das Geschlossene besteht darin, dass ein Ergebnis über das Peer-Review-Verfahren und über den Namen der Zeitschrift zertifiziert ist. Ich meine, dass man sich von diesem Irrglauben befreien sollte, um zu sehen, dass der Unterschied zwischen Preprint und dem endgültigen Artikel vielleicht gar nicht so groß ist. Luhmann nannte die Publikation einmal die »Endform der Vorläufigkeit«. In der Wissenschaft und auch außerhalb, und gerade in der Wissenschaftskommunikation wird stets so getan, als handele es sich bei Zeitschriftenartikeln bereits um gesicherte Fakten. Dabei sind es erstmal nur Kommunikationsofferten an die Community, neue Ergebnisse zu rezipieren, aber auch zu prüfen. Sobald Publikationen jedoch am Ende nicht halten, was sie versprechen, entstehen Glaubwürdigkeitsprobleme in der Wissenschaft.

Diese Replikationskrise, der wir gerade ausgesetzt sind, ist auch dem Umstand geschuldet, dass wir Publikationen zu ernst nehmen, insbesondere in der wissenschaftlichen Leistungsbewertung. Vielleicht sollte man darüber noch einmal sprechen, gerade was die Metriken angeht.

Ich wollte noch eine Sache zum Thema Automatisierung von Texten ergänzen. Mir ist ein ganz interessantes Experiment bekannt, bei dem es nicht um die Generierung von wissenschaftlichen Artikeln geht, sondern um automatisiert erstellte Manuskriptgutachten. Dieses Experiment belegt, dass man selbst als Fachwissenschaftler nicht mehr unterscheiden kann, ob es sich um ein Real- oder ein Fakegutachten handelt. Von denjenigen, die Entscheidungen treffen, hält rund ein Viertel die Fakereview für entscheidungsleitender als die anderen Gutachten. Das wirft die spannende Frage auf, ob wir in unseren eigenen Wahrnehmungen und Routinen so verstellt sind, dass uns die computergestützte Information im Rahmen der Qualitätssicherung eventuell helfen könnte. Wir müssen die Mensch-Maschine-Interaktion in der Wissenschaftskommunikation zukünftig sicher mit berücksichtigen.

Benedikt Fecher: Tendenziell ist das, was wir bei den Preprints beobachten oder generell bei diesem »grünen« Open Access etwas Positives. Grünes Open Access ist eine Form der Veröffentlichung, die schneller und ohne Verlage funktioniert. Die Frage ist, wie eine Form von Qualitätssicherung auch bei Preprints sichergestellt werden kann. Die Anzahl bzw. die Bedeutung von Preprints wird ja nicht notwendigerweise sinken, daher muss man sich darüber Gedanken machen, was neue Formen der Qualitätssicherung und der Ordnung des wissenschaftlichen Publikationswesens sein können.

Lars Rinsdorf: Das finde ich einen ganz wichtigen Punkt, den Sie da ansprechen, Herr Fecher. Wir haben an dem Beitrag von Andrea Pető gesehen, welche Herausforderung es ist, Wissenschaft zu legitimieren: Wie kann man sich als Wissenschaft wehren und bewehren gegen einen illegitimen Staat? Das ist in der Tat ein ganz entscheidender Punkt, sowohl in der internen Kommunikation, aber auch nach außen: Wenn wir über Open Peer Review reden, ist zu fragen, wie institutionalisiert sich etwas und wie schafft man am

Ende auch dessen Legitimation? Wie macht man das nachvollziehbar für Wähler/innen, Bürger/innen aus anderen Kontexten, die auf Wissenschaft zurückgreifen wollen. Da finde ich den Punkt von Herrn Bogner wichtig, dass es nicht darum geht, mit Wissenschaft gesellschaftliche Kontroversen zu verkleistern.

In diesem Kontext ist es aber auch andersherum spannend, dass wir Dynamiken in den Medien erleben, wo wissenschaftliche Methoden angewendet werden, um journalistische Themen aufzubereiten, zum Beispiel im Datenjournalismus. Das finde ich ein ganz wichtiges Feld, um zu verstehen, wo die Grenzlinien sind. Für mich ist das Feld des Datenjournalismus ein ganz interessantes *boundary object*. In diesem Feld wird unter einer anderen Logik, unter einem hohen Aktualitätsdruck versucht, Daten in einer Art und Weise zu deuten, bei der wir als Sozialwissenschaftler/innen oft eher skeptisch sind. Hier könnte man sich anschauen, wie sich die Logiken entwickeln und was man daraus für Wissenschaftskommunikation lernen kann.

Birgit Blättel-Mink: Ich unterbreche diese Debatte um Digitalisierung und möchte auf den Punkt zurückkommen, den Julika Griem angesprochen hat: Wer hört zu und was kann man wem zumuten? Wir sollen als Wissenschaftler/innen komplexe Phänomene verstehbar machen und Wissenschaft selbst als komplexes Unterfangen begreifen. Andererseits haben wir im Rahmen des Workshops bereits gefragt: Wer glaubt dann noch der Wissenschaft, wer kann ihr glauben, wer glaubt eher an Verschwörungstheorien? Lassen wir nicht bestimmte soziale Gruppen außen vor? Ist es legitim zu sagen, dass nur bestimmte soziale Gruppen unsere relevante Öffentlichkeit sind? Da ist dann meine Frage, wie nehmen wir die Öffentlichkeit in diesem Zusammenhang wahr?

Martina Merz: Als Reflexion auf das, was in der Diskussion bisher angesprochen wurde, nochmal die Frage: Was meinen wir eigentlich, wenn wir Wissenschaftskommunikation sagen, und zwar nicht in Bezug auf Kommunikation und deren Formate, sondern in Bezug auf Wissenschaft?

Unterschwellig scheint es mir so, dass sehr häufig mit Wissenschaft endgültige Ergebnisse gemeint sind. Denn nur in dieser Perspektive wären Preprints problematisch, weil es sich hierbei um vorläufiges Wissen handelt. Ich möchte es nochmal ein wenig anders drehen: Wenn in der öffentlichen Kommunikation über Wissenschaft nun auch vorläufige Daten und Ergebnisse präsentiert werden, sollte doch unsere Reaktion als Wissenschaftler/innen nicht sein, wieder Grenzen einzuführen, damit potenziell risikobehaftete

Aussagen nicht nach außen dringen. Wir könnten diese Situation stattdessen als Aufforderung verstehen zu klären, wie wir anders über Wissenschaften kommunizieren können. Es gibt auch vielfältige Möglichkeiten, nicht *eine* Öffentlichkeit anzusprechen, sondern verschiedene Teilöffentlichkeiten, zum Beispiel um zu erklären, wie Qualitätssicherungsverfahren in verschiedenen wissenschaftlichen Kulturen funktionieren oder wie sie auf produktive Weise mit Unsicherheiten umgehen. Ich interpretiere das als einen Aufruf zur Pluralisierung von Inhalten, Formaten und Aktivitäten, die sich an ganz unterschiedliche Öffentlichkeitskonfigurationen wenden.

Es wäre für mich ein Qualitätsmerkmal, wenn eine Förderorganisation wie zum Beispiel die DFG eine solche Pluralisierung unterstützt. Dabei wäre zu fragen, was es für kreative Ideen gibt, anders über Wissenschaft in all ihrer Multidimensionalität zu sprechen und ein gewisses Verständnis für deren Praktiken herzustellen, aber sehr wohl auch kontrovers mit den unterschiedlichen Öffentlichkeiten innerhalb und außerhalb der Wissenschaft zu diskutieren.

Lars Rinsdorf: Frau Blättel-Mink, zu Ihrer Frage: Wie kann so eine Übersetzungsleistung aussehen? Wie geht man in der Wissenschaftskommunikation mit Öffentlichkeiten um? Ralph Hertwig vom Max-Planck-Institut für Bildungsforschung hat vor ein paar Jahren einen Aufsatz veröffentlicht, der heißt »Nudge vs. Boost«. Da geht es sehr stark um eine Kritik an der Verhaltensökonomie. Ich finde es als strategische Leitlinie überzeugend zu fragen, wo wollen wir eigentlich in einer liberalen Demokratie als Wissenschaftskommunikation hin? Die Vermittlung im Sinne einer Befähigung ist ein absolut wichtiges Ziel und von der Grundstrategie richtig, die wir dann auf unterschiedlichen Kanälen ausspielen können.

Benedikt Fecher: Ich möchte auf zwei Punkte eingehen, die Sie, Frau Blättel-Mink und Frau Merz, erwähnt haben. Das waren eigentlich zwei zentrale *shortcomings* der Wissenschaftskommunikation: Zum einen haben Sie kritisiert, dass Wissenschaftskommunikation dann passiert, wenn Wissen vorhanden ist. Ich glaube, das ist eines der Probleme, die weniger in der metawissenschaftlichen Beschäftigung mit diesem Gegenstand, sondern häufig in der wissenschaftlichen Praxis und bei Disziplinen existieren, die sich eben nicht mit den Begriffen der Öffentlichkeit und der Genese von Wissen beschäftigen. Wissen entsteht ja nicht entkoppelt von der Gesellschaft.

Der zweite Punkt bezieht sich auf die Frage, welche Öffentlichkeit wir eigentlich erreichen. Ich habe das Gefühl, dass wir sehr häufig, wenn wir über Wissenschaftskommunikation sprechen, von einer Massenöffentlichkeit sprechen, die medial oder massenmedial erreicht werden kann. Ich glaube, das ist eine naive Vorstellung davon, wie Gesellschaft tatsächlich aufgebaut ist. Wir haben Teilöffentlichkeiten, die ganz eigene Verwertungs- und Rezeptionslogiken haben. Im Zuge der Digitalisierung haben wir es noch stärker mit instabilen und zeitlich begrenzten Öffentlichkeiten zu tun. Ich glaube, da müssen wir smarter sein, wie man die Kommunikation mit diesen unterschiedlichen, neuen Öffentlichkeiten anstellt.

Julika Griem: Frau Merz, mir ist sehr sympathisch, wie Sie das entwerfen. Ich frage mich aber als Vizepräsidentin, ob es wirklich immer die DFG sein muss, die hier eine Leitrolle für den vielgewünschten Kulturwandel übernimmt. Denn das wird uns als die Institution, die ja auch noch vieles andere tun soll, wirklich im Kern treffen. Es gibt ohnehin im Moment eine Tendenz aus der Politik, Einrichtungen wie der DFG Zusatzaufgaben zur Heilung der Gesellschaft zuzuschieben. Das erzeugt eine Aufgabendichte, die nicht ganz unproblematisch ist. Wenn man tatsächlich versucht, etwas bei uns intern zu verändern, dann gibt es immer diese Verlegenheitslösung des *nudging*: Wir hängen das so auf einer mittleren Ebene auf und hoffen dann, dass ein paar Leute darauf anspringen. Wenn man das Kriterium härter macht, und da bin ich ganz sicher, dann wird sich ein Sturm der Entrüstung bei denjenigen erheben, die sagen: »Unsere DFG ist für Grundlagenforschung zuständig. Wir haben sowieso alle keine Zeit, wir wollen mit diesem ganzen ›sekundären Kram‹, denn da ist Kommunikation vor allem eine Verpackungsdimension, nichts zu tun haben. Nehmt uns bitte jetzt nicht auch noch die letzte Zeit, die wir für Forschung haben.« Da etwas umzubauen, ist ein sehr anspruchsvoller Prozess, mit schwer überschaubaren Folgen. Das heißt nicht, dass wir uns da nicht etwas trauen sollten. Wir müssen wirklich drüber nachdenken, an welcher Stelle dieses komplizierten Systems DFG man die Hebel tatsächlich ansetzt.

Dann kommt ja noch hinzu, dass das deutsche Wissenschaftssystem sich in eine Wettbewerbsdichte hineinbegeben hat, die an vielen Stellen völlig kontraproduktiv ist. Alle sind hektisch damit beschäftigt, weitere kompetitive Verfahren aufzusetzen, weil man das heutzutage scheinbar muss. Niemand denkt ausreichend darüber nach, dass sich diese Wettbewerbe gegenseitig behindern. Wenn wir Wissenschaftskommunikation auch noch in dieses Getümmel »hineinschmeißen«, dann wird man schnell sehen, wie unübersichtlich auch das ist. Denn einige der Wettbewerbe, gerade die hochdekorierten, haben immer noch das Ziel, Hochglanzprodukte zu prämieren, und machen sich nicht die

Mühe, neue Formen zu entwickeln, die diese Offenheit mit hoch ausdifferenzierten Publika in die Tat umsetzen. Das ist alles sehr schwierig.

Ich wollte noch einen anderen Punkt kurz ansprechen. Diese Notwendigkeit der Differenzierung der sogenannten Öffentlichkeit ist in der Kommunikationsforschung längst anerkannt. Wir sind alle beschäftigt damit. In der Kognitionspsychologie habe ich das wunderschöne Wort des »cognitive miser« gefunden, das ist der kognitive Geizhals. Dieses Mantra sagt, wir Menschen sind so gebaut, dass wir kognitiv immer sparen wollen. Komplexität und Irritation dagegen ist nicht sparsam, das ist Exzess, der viel zu viel Mühe macht. Ich glaube, dass es in dieser Forschung so eine Unterströmung gibt, die dazu führt, dass man viel zu schnell kommunikative Leistung immer nur unter dem Kriterium einer ökonomischen Effizienzgestaltung betrachtet. Da muss etwas ganz schnell »rübergebracht« werden zu denen da draußen, die angeblich mit Komplexität nicht umgehen können, dann müssen die »abgeholt« werden. Ich glaube, dass uns das nicht weiterführt, gerade an dem politisch wichtigen Punkt nicht, wo man ja dafür werben möchte, dass sich Leute außerhalb unserer »Blase« für so etwas wie Komplexität interessieren.

Birgit Blättel-Mink: Wir haben den Workshop angesetzt, um das Thema Wissenschaftskommunikation zu diskutieren, weil das BMBF und die Wissenschaftsministerin Wissenschaftskommunikation systematisch in ihre Forschungsförderung integrieren wollen. Jetzt könnte man ja denken, dass die DFG das auch macht: Dass dieses Moment der Wissenschaftskommunikation auch zunehmend eine Rolle spielt, wenn die DFG Projekte evaluiert und bewertet. Ich würde das begrüßen, denn das könnte zu einer größeren Standardisierung an den Stellen der Hochschulen führen, die das dann kontrollieren müssen.

Julika Griem: Ich kann direkt dazu antworten, weil wir natürlich genau das aktuell diskutieren. Aber das ist handwerklich schwierig. Das ist relativ leicht noch zu machen bei großen Verbundprojekten, bei denen man jetzt schon ein Modul für Wissenschaftskommunikation beantragen kann. Da stellt sich natürlich die Frage, wer begutachtet das eigentlich in den Communities, die noch nicht mit Leuten durchsetzt sind, die sich da auskennen. Aber wie macht man das in der Sachbeihilfe? Also welche Dimension wird da für ein drei- oder vierjähriges Projekt ausgezeichnet? Wie wird das zugeschnitten? Wie wird das dimensioniert? Und wieder die Frage: Machen wir das konsequent über alle Instrumente hinweg? Das ist nicht einfach umzusetzen. Da hängen sehr viele ungewollte Effekte dran, die man dann wieder einfangen muss.

Martina Merz: Es liegt mir fern, hier eine Form von Beratung für die Förderpolitik der DFG in Sachen Wissenschaftskommunikation zu machen. Es ging mir mehr um die inhaltlichen Punkte. Dies nochmal zur Klarstellung.

Andreas Scheu: Ich möchte einen kritischen Punkt einbringen. Ich habe mich gerade sehr wiedererkannt bei diesen Menschen, die Sie beschrieben haben, Frau Griem, die dann sagen würden, »Woher soll ich denn die Zeit nehmen, ich möchte doch forschen. Ich möchte nicht auch noch die ganze Zeit kommunizieren müssen.« Ich finde es schwierig, wenn wir daran denken, einen solchen Kulturwandel in der Wissenschaft initiieren zu wollen. In großen Projekten sind die Ressourcen und Strukturen für Wissenschaftskommunikation gegeben. Was ist aber mit den Nachwuchswissenschaftler/innen, die eine Doktorandenstelle haben, die, wenn sie nicht gerade promovieren oder nicht gerade für ihren Doktorvater arbeiten, auch twittern müssen oder auf Facebook präsent sein sollen? Wollen wir wirklich einen Kulturwandel, hin zu diesem Typus von Wissenschaftler/innen, der dann die meisten Karrierechancen hat?

Birgit Blättel-Mink: Aladin El-Mafaalani hat in seinem Vortrag[7] die Probleme eines solchen neuen Typus beschrieben. Ich glaube, dass wir alle hier davon ausgehen, dass es Grundlagenforschung braucht, um Wissenschaftskommunikation zu betreiben.

Julika Griem: Mir ist das völlig sympathisch, was Sie sagen, Herr Scheu. Ich sehe das genauso wie Sie, denn ein hartes Kriterium für einen Kulturwandel würde es erfordern, dass wir unsere Arbeitsteilung neu organisieren. Was ich an diesem Punkt befürchte, ist genau das, was Sie ansprechen. Wissenschaftskommunikation wird abgewälzt auf die Jüngeren, von denen man sowieso glaubt, dass sie sich mit diesem ganzen »Social-Media-Schmuddel« viel besser auskennen. Die werden gleichzeitig am stärksten in ihrer eigenen wissenschaftlichen Arbeit betroffen, weil ihnen Zeit geraubt wird. Genau das darf nicht passieren!

Den Kulturwandel so aufzusetzen, dass die Arbeitsteilung neu organisiert wird, ist schwierig, weil die Strukturen in Deutschland immer noch sehr, sehr hierarchisch sind. Wir müssen da an ganz vielen anderen Stellen nachbohren, um tatsächlich den Wandel so zu organisieren, dass nicht diejenigen

7 »Öffentliche Wissenschaft – eine Praxis voller Spannungsfelder«, Vortrag von Aladin El-Mafaalani auf dem Workshop.

davon überhaupt nicht profitieren, denen wir sowieso nicht genügend Unterstützung geben.

Benedikt Fecher: Jetzt hat mir Frau Griem schon teilweise aus der Seele gesprochen. Vielleicht noch ein Aspekt, den ich hinzufügen möchte, was die Zeit für Wissenschaftskommunikation betrifft. Es gibt ja immer diese Diskussion um *first, second* und *third mission*. Die eigentliche dritte Mission, die jeder Wissenschaftler, jede Wissenschaftlerin an einer Universität hat, ist Administration und nicht Wissenschaftskommunikation. Das ist wirklich ein großer Elefant im Raum und der Verwaltungsanteil wird auch nicht weniger mit den Drittmittelprojekten und den Wettbewerben, wie wir sie haben. Ich verbringe den Großteil meiner Zeit mit der Projektabwicklung für irgendwelche Projektträger. Wenn ich davon nur die Hälfte für Wissenschaftskommunikation verwenden würde, wäre mir schon viel geholfen. Das zweite ist, und das betrifft auch wieder die Kontextbedingungen, die strukturellen Bedingungen für Wissenschaftskommunikation und auch die Komplexität. Wie wird denn eigentlich die Komplexität der Gesellschaft bzw. die Komplexität der Wissenschaft an den Universitäten abgebildet? Das ist auch eine Frage, die man sich mal stellen kann. Wir haben Kommunikationsreferate und Transferagenturen, die im Grunde die organisationalen Strukturen für die Beziehung zur Gesellschaft sind. Ich bezweifle, dass die das abbilden können, was in der Forschung passiert. Wir haben also in der organisationalen Abbildung von Wissenschaftskommunikation eine gewisse Naivität. Da besteht ein Nachholbedarf. Das passiert nicht von heute auf morgen.

Stefan Raich: Ich möchte auf eine Diskussion zwischen Anthony Giddens und Ulrich Beck in den 1990er Jahren zum Umgang von Bürgern mit Expertensystemen in Situationen der Unwissenheit hinweisen. Während Giddens auf das notwendige Vertrauen in Wissenschaftler und in Experten hingewiesen hat, ging es Beck sehr stark darum, ein emanzipatorisches Moment hervorzuheben, das Erkenntnisstreben, die Entwicklung einer Kompetenz des eigenen Urteils. Wie man es schafft, dies zu bedienen oder anzuregen, haben wir in der Coronazeit und auch durch Professor Drosten vorgeführt bekommen. Drosten hat nicht nur seine Erkenntnisse oder Ergebnisse verständlich geteilt, sondern oberflächlich auch nachvollziehbar gemacht, wie er vorgeht, was er sagen kann und was nicht. Das ist ein ganz wichtiges Moment. Es braucht dabei sowohl Vertrauen in den Experten als auch die Mühe, sich ein eigenes Urteil zu bilden und zu lernen, dies von »fake science« zu unterscheiden.

Um auf den Aspekt von Frau Griem einzugehen: Natürlich ist es ein Zeitproblem für Wissenschaftler, sich dem Wissenstransfer bzw. der Wissenschaftskommunikation zu widmen. Dazu kommt, dass auch nicht jeder so begabt ist, diese Übersetzungsfunktion wirkungsvoll auszuführen. Wir hatten zuvor über Wissenschaftsjournalismus gesprochen. In diesem Metier arbeiten häufig auch ehemalige Wissenschaftler, Experten, die in der Forschung waren und die diese Übersetzerfunktion besser übernehmen können als ein Zeitungsjournalist. Sie können dabei eine wichtige Scharnierfunktion ausüben. In Zeiten von Corona zeigt sich, dass Wissenschaftler in ihrer Orientierungsfunktion einerseits medial »hochgeschrieben« werden, in der Medizin sieht man das, Stichwort Halbgötter in Weiß. Dies ist zum Teil eine Überforderung. Auf der anderen Seite werden sie von der Öffentlichkeit nicht mehr ernst genommen, weil deren Aussagen der persönlichen Realität nicht entsprechen, unbequem sind oder die Erkenntnisse doch zu komplex sind und man sich nicht in diese Diskurse begeben kann, die teilweise auch noch zu widersprüchlichen Ergebnissen führen können.

Diese Vermittler braucht es und auch die Vermittlung, welche Bedeutung wissenschaftliche Erkenntnisse haben, wie sie eingeordnet werden können und wie man zu den Ergebnissen kommt.

Birgit Blättel-Mink: Also die These, dass es diese Intermediäre im Grunde braucht und dass das die Wissenschaft selbst nicht leisten kann.

Stefan Raich: … zumindest die Vermittlungsarbeit. Sie sollen die Kommunikationsarbeit von Wissenschaftler/innen nicht ersetzen, ich bin jedoch überzeugt, dass es diese Art der Vermittler in Zukunft vermehrt geben wird.

David Kaldewey: Ich möchte kurz die erstaunlich spät in der Diskussion aufgekommene Zeitbudgetfrage kommentieren. Was überall anklingt ist, Wissenschaftskommunikation brauchen wir, möglichst in der Breite und auch den Kulturwandel. Dann wurde das Bild skizziert, dass es zu Lasten der Grundlagenforschung geht, wenn die DFG das zu sehr puscht.

Wir bräuchten mal Aussagen darüber, was wir an Aktivitäten streichen, wenn wir Wissenschaftskommunikation machen. Es muss ja nicht Grundlagenforschung sein. Es können auch andere Aktivitäten wie die Lehre sein. Die heiligen neun Semesterwochenstunden beispielsweise. Da wäre man wieder bei der Chefsache, weil man dann wirklich in das deutsche Hochschulsystem hineingeht. In anderen gewissenmaßen höherregulierten Hochschulsystemen in Europa ist es selbstverständlich, dass Aufgaben wegfallen, wenn man eine andere Aufgabe übernimmt. Das fehlt ja vollständig im deutschen Wissenschaftssystem.

Paula-Irene Villa Braslavsky: Vielen Dank für diese wirklich wichtige, kurz vor knapp eingebrachte und ganz pragmatische Perspektive. Mein Vorschlag, aus der Not des Endes des Workshops eine Tugend machend: Wir bleiben darüber fachlich, multidisziplinär im strukturierten Gespräch. Ich würde gerne für die DGS in Aussicht stellen, versprechen will ich das nicht, aber anbieten, dass wir nochmal einladen oder mitorganisieren, gern mit anderen auch hier anwesenden Fachgesellschaften und Kolleg/innen zu einem ähnlichen, vielleicht gar nicht so viel größeren Workshop. Ich habe den Eindruck, dass die Diskussion in der Fokussierung und Konzentration sehr produktiv war, was nicht heißt, dass wir uns nicht mit noch viel mehr Menschen vernetzen und austauschen wollen. Aber es hat durchaus etwas für sich, sich selbstbewusst zu beschränken und zu fokussieren. Das schiene mir sehr lohnend, auch in dieser Multiperspektivendiskussion, in der wir über Formate, Formen, Personenkonstellationen, und zwar historisch, zukünftig, gegenwärtig gesprochen haben.

In diesem Sinne möchten wir uns, als Organisatorinnen, bei denjenigen bedanken, die vorgetragen haben, die vorbereitet haben, die sich engagiert haben, die sich die Zeit genommen haben. Ich möchte ausdrücklich auch Sonja Schnitzler danken, die nicht nur das Konzeptionelle, Inhaltliche mit uns gemeinsam entwickelt hat, sondern auch seitens der DGS-Geschäftsstelle für die technische und organisatorische Infrastruktur gesorgt hat, ohne die wir alle nichts wären!

SOZIOLOGIE, 50. JG., HEFT 1, 2021, S. 26–45

Soziologie der Gruppen

Zu den Möglichkeiten und Grenzen einer theoretischen und empirischen Gruppenforschung

Stefan Kühl

1. Zur Bedeutung der Kleingruppe in der modernen Gesellschaft

Die ersten Erfahrungen mit Gruppen machen Kinder, wenn sie erkennen, dass sie sich ihre Spielpartner nicht jedes Mal neu zusammenstellen müssen, sondern dass es häufig dieselben sind. Durch das Wiedersehen bauen sich persönliche Kenntnisse und Beziehungen auf. Es bilden sich personenbezogene Erwartungen bezüglich des gemeinsamen Spielens aus. Aufgrund dieser etablierten Erwartungen werden neue Kinder nicht ohne weiteres integriert, sondern erst auf ihre Passung zur Gruppe geprüft (siehe dazu Adler, Adler 1995; Brandes 2008). Diese Gruppen, in denen Kinder ihre ersten verdichteten, persönlichen Erfahrungen jenseits der Familie machen, können unterschiedliche Ursprünge haben. Häufig bilden sich diese Gruppen allein durch örtliche Nähe von Nachbarskindern, die sich zuerst zufällig treffen, sich anschließend verabreden und so immer weitergehende gegenseitige personenbezogene Erwartungen ausbilden. Manchmal sind es auch die Freundesgruppen von Eltern, über die Kinder in Kontakt kommen und aus denen eigene Freundeskreise entstehen. Aber besonders die ersten Kontakte mit Organisationen – der Kindergarten, die Schule oder der Verein – bieten Möglichkeiten, bei gegenseitigem Gefallen, Gruppen zu bilden (siehe dazu Eckert 2012: 10).

Besonders in der Jugend scheinen Gruppen eine zentrale Rolle zu spielen.[1] Es kann sich hierbei um Cliquen von an Straßenecken herumhängenden Jugendlichen handeln, um Freundeskreise, die sich regelmäßig zum Spielen, Tanzen oder Sporttreiben treffen, oder um Wohngemeinschaften, in denen der gegenseitige Anspruch über das gemeinsame Nutzen von Kühlschrank und Badezimmer hinausgeht.[2] Die Loslösung aus dem Elternhaus bei noch nicht eingegangenen festen Liebesbeziehungen und einer noch ausstehenden Familienbildung scheint derweil dazu zu führen, dass Jugendliche ihre Bedürfnisse nach persönlicher An- und Aussprache häufig in Gruppen mit Gleichaltrigen befriedigen (vgl. Bahrdt 1980: 134). Die zunehmende Verschwiegenheit den Eltern gegenüber korreliert dabei häufig mit einer wachsenden persönlichen Öffnung innerhalb des eigenen Freundeskreises.

Auch als Erwachsene bewegen sich Menschen in verschiedenen Formen von Gruppen (Kühl 2015: 72). Das können eher locker verbundene Kollektive sein, wie ein sich gelegentlich zum Abendessen treffender Freundeskreis, sich in einem Salon begegnende Bekannte (Back, Polisar 1983: 277 ff.) oder sich häufig im Wirtshaus treffende Mietshausbewohner (Luhmann 1964: 34). Aber es gibt auch »stabilere Formen« von Gruppen. Beispiele hierfür wären »autonome« linkspolitische Vereinigungen mit ihren weit ins Private reichenden Ansprüchen an ihre Mitglieder, kleine politische Zusammenschlüsse wie die »Baader-Meinhof-Truppe« (Rühmkorf 2004: 38 ff.), Jazz-Musiker, die sich nicht nur gelegentlich zu Jam-Sessions treffen, sondern regelmäßig gemeinsam Musik machen (Pescosolido 2002: 588), Motorradclubs, die sich nicht mehr nur am Wochenende zu Ausfahrten treffen, sondern immer weitergehende Normen für ihre Mitglieder entwickeln (Ohle 1983: 497 ff.), oder religiöse Gruppierungen, die sich jenseits der Initiative von Kirchenorganen entwickelt haben und in denen auch persönliche Themen ansprechbar sind.[3]

1 Siehe dazu nur beispielhaft Bude (2008: 13), Eckert (2012: 11) oder Gastil (2010: 170).

2 Siehe dazu die frühen Studien zum Beispiel von Becker, Eigenbrodt und May (1983) oder Schülein (1983). Für eine interessante Analyse von WGs neuerdings auch Bathon (2016), der noch systematischer als andere Autoren Anschlüsse an die Gruppensoziologie sucht.

3 Religiöse oder politische Gruppen können Grenzfälle sein, weil hier fließende Übergänge zur Bildung von Organisationen bestehen. Aber die empirischen Studien über religiös oder politisch motivierte terroristische Kleingruppen zeigen, dass sich zwischen den Mitgliedern häufig diffuse und nicht rollenspezifische Beziehungen ausbilden. »Revolutionär« scheint eben keine berufliche oder politische Rolle zu sein, sondern eine Berufung, die einen in allen Aspekten seines Lebens fordert.

Sicherlich – mit dem Eingehen von festen Partnerschaften, dem Zusammenziehen von Paaren und besonders der Gründung eigener Familien nimmt die Bedeutung von Gruppen für den Menschen in vielen Fällen ab. Die Ansprüche an persönliche Ansprache werden primär über die Beziehungen zum Lebenspartner und zu den Kindern befriedigt. Aber die Kristallisierung persönlicher Kontaktbedürfnisse in Partner- und Elternschaften bedeutet nicht, dass Gruppen aus dem Leben von Erwachsenen vollkommen verschwinden. Der regelmäßige Austausch mit der besten Freundin bleibt bestehen, die alte Clique trifft sich nach wie vor und die turnusmäßigen Treffen zum Pokern werden fortgesetzt. Aber die persönlichen Beziehungen in diesen Gruppen dünnen aus und werden dadurch weniger intensiv (siehe schon Tenbruck 1964: 436).

Im Alter können Gruppen als emotionaler Puffer dienen, mit dem der Auszug der Kinder oder der Tod von Lebenspartnern aufgefangen wird (dazu früh Cantor 1979; Hess 1979; Jerrome 1981). Alte Freundschafen werden reaktiviert, Vereinstätigkeiten intensiver, Kontaktanzeigen für gemeinsame Freizeitgestaltung geschaltet oder speziell für Senioren geschaffene Orte für gesellige Zusammenkünfte besucht. Altenheime sind unter diesem Gesichtspunkt nicht nur Orte der Pflege und Versorgung, sondern auch der Ermöglichung neuer und intensiverer persönlicher Kontakte im Alter. Aber nicht selten wird das Ende eines Lebens als unaufhaltsame Auflösung von Gruppenbeziehungen erlebt. Gute Freunde sterben weg. Freundeskreise lösen sich wegen Krankheit auf. Für den Aufbau neuer Freundschaften fehlt die Kraft. Besonders im Todesfall des Lebenspartners sind die eigenen Kinder und Enkelkinder die Anker, über die man den Wunsch nach persönlicher Ansprache erfüllen will. Das Problem ist jedoch, dass dieses Anliegen nicht selten mit den Bedürfnissen der Kinder und Enkelkinder kollidiert, die ihre Interessen nach persönlicher Ansprache in ihren eigenen Familien oder in eigenen Freundesgruppen verwirklicht sehen wollen.

2. Gruppen als gesellschaftliche Projektionsflächen – Euphorie und Ernüchterung

Politisch ist die Arbeit in und mit Gruppen lange Zeit mit vielfältigen »Heilserwartungen« verbunden worden.[4] Die Mitglieder könnten, so die Hoffnung, in Gruppen gleichberechtigt miteinander umgehen und so ein für demokratische Abstimmungen wichtiges Verhalten lernen (siehe früh Baxter, Cassidy 1943).[5] Durch das Einbringen einer Vielzahl an verschiedenen Perspektiven könnten Probleme in der Gruppe häufig besser und schneller gelöst werden, als wenn dies eine einzelne Person versuchen würde (vgl. zum Beispiel Wetzel 1998). Die Mitgliedschaft in personenorientierten Gruppen führe dazu, dass die Menschen insgesamt zufriedener werden, weil sie in der Gruppe eine »Heimat« finden können.[6] Die Hoffnung ist dabei, dass sich die einzelnen durch die Gruppe bewirkten positiven Effekte gegenseitig verstärken. Das Erlernen von gleichberechtigten, selbstorganisierten Abstimmungsprozessen würde, so die Vorstellung, nicht nur die individuelle Zufriedenheit aller Gruppenmitglieder erhöhen, sondern auch zu einer höheren Motivation, Innovation und Flexibilität in der Gruppe führen.[7]

Die Anwendungsfelder, in denen diese Hoffnungen umgesetzt werden sollen, sind vielfältig. Die Spannungen zwischen ethnischen Gruppen sollten durch die Stimulation von Reflexionen über Gruppenprozesse reduziert werden (Doob 1970). Durch Feedback-Prozesse in Gruppen könnten, so eine Hoffnung, die Koch- und Essgewohnheiten in Familien verbessert werden (Lewin 1943a). Die Teilnahme an Diskussionsrunden sollte die Lebenserwartungen bei Brustkrebs erhöhen (Kogon et al. 1997). Über die Initiierung von Kleingruppen sollen Sozialarbeiter einen sensibleren Umgang mit ihren Klienten lernen (Lewin 1968).[8] Ein gewisser »missionarischer Eifer«, das Wirken in einer Gruppe zu einer »humaneren oder höheren oder gar der

4 Für frühe Beispiele vgl. Binder (2019: 70 f.).

5 Siehe zur Demokratisierungshoffnung Kurt Lewins neuerdings ausführlich Tändler (2016: 367f.).

6 In diese Richtung argumentiert Richter (1972).

7 Siehe für solche Argumentationen unter anderem Ancona, Bresman und Kaeufer (2002: 33), Wimmer (2007: 279). Die Literatur über Teams, in denen diese Kombination aus Innovation, Effizienz, Agilität und Zufriedenheit zelebriert wird, ist kaum noch zu überblicken. Siehe beispielsweise Ancona, Bresman (2007).

8 Immer wieder scheint es zu Phasen eines wahren *groupism* zu kommen – einer allgemeinen Begeisterung für das Miteinander in kleinen Zusammenschlüssen. Zur Entstehung des Begriffs siehe Riesman (1954).

›eigentlichen‹ menschlichen Existenzform« zu erklären, ist nicht zu übersehen (Bahrdt 1980: 123).

Die mit Effizienz verbundenen Heilserwartungen werden zuallererst auf Organisationen projiziert. Die Leistungsfähigkeit in Betrieben könnte maßgeblich mit erfolgreichen informalen Gruppenbildungsprozessen erhöht werden. Die Arbeit in Verwaltungen ginge leichter von der Hand, wenn diese nicht allein verrichtet wird, sondern es in Cliquen verdichtete kollegiale Kooperationen geben würde. Die Effizienz von Kampfeinheiten könnte erheblich gesteigert werden, wenn sich enge, durch Kameradschaft gebürgte persönliche Netzwerke ausbilden. Die Lernerfolge von Schülern und Studierenden könnten gesteigert werden, wenn diese lernen würden, in Gruppen zusammenzuarbeiten. Der Tenor in der Literatur ist dabei immer derselbe: Die Welt werde immer unsicherer, widersprüchlicher und komplexer. Deswegen könnte man sich nicht mehr in Organisationen auf von oben vorgegebene Routineprogramme verlassen. Die Verantwortung müsste stattdessen immer mehr an sich selbstorganisierende Gruppen innerhalb der Organisation abgegeben werden. Der Erfolg dieser Gruppen hinge davon ab, dass sich ihre Mitglieder nicht nur als Träger einer Rolle verstünden, sondern mit ihrer ganzen Person einbrächten.[9]

Die Gruppe solle aber nicht nur das Arbeiten und Leben in Organisationen effizienter und humaner machen, sondern auch insgesamt zu einer besseren Gesellschaft führen. Das Überleben ganzer Gesellschaften sei, so eine Auffassung, gerade durch die erfolgreiche Arbeit in und mit Gruppen möglich (zum Beispiel schon Lewin 1943b).[10] Die Gruppe wird dabei als Königsweg betrachtet, »sich selbst und andere zu befreien«. Die Gruppe sei, so Horst-Eberhard Richter, eine »repräsentative Mikrogesellschaft«, innerhalb derer man den »Abbau von Abhängigkeiten«, die »Bewältigung von Minderheitenproblemen« und die »Aufdeckung von Konflikthintergründen« einüben könne (Richter 1972: 35).[11] Die Hoffnung ist, dass »die Gruppe«

9 Als Ausgangspunkt dafür sind Mayo (1933) und Roethlisberger, Dickson (1939) einschlägig. Auffällig ist, dass in der Literatur nicht systematisch unterschieden wird zwischen Teams als kleinste formale Einheit in Organisationen, den Cliquen als Kristallisation von informalen Erwartungen in Organisationen sowie Freundesgruppen, die Organisationen lediglich als Anlass nehmen, sich zu treffen. Das Auseinanderhalten dieser drei Systemtypen könnte in der Organisationssoziologie zu erheblichen Erkenntnisgewinnen führen.

10 Binder (2019: 90) zitiert Vortragsnotizen von Kurt Lewin: »Change the person, change the group, change society«.

11 Der Untertitel von Richters Buch zur Gruppe lautet: »Hoffnung auf einen neuen Weg, sich selbst und andere zu befreien«. Siehe zur Einordnung des Buches die Analyse in Reichardt (2014: 35). Für die Gruppenforscher bedeutete diese Perspektive, dass ihre Untersuchungen

den »etablierten Autoritäten« in Politik, Wirtschaft, Wissenschaft, Recht und Medizin die Macht entreißen könnte und durch eine »gerechtere, legitimere Form der Machtausübung« ersetzen könnte (so referierend Edding 2005: 5).

Als Abgrenzungsfolie für diese Verklärungen dient eine diagnostizierte zunehmende Anonymität, Vereinzelung und Isolation des Menschen in der modernen Gesellschaft.[12] Die in Gruppen möglichen »Vergemeinschaftungen« könnten, so die Vorstellung, die dringend notwendige Reaktion auf die »Vermassung« der modernen Gesellschaft sein (Gehlen 1957: 114 f.).[13] Die Gruppen sollten sich daher zu einer »wachsenden Gegenkraft« der zunehmenden »Enthumanisierung« der modernen Gesellschaft entwickeln (Rogers 1984: 869), zu »Reorganisationszentren« in einer zunehmend desorganisierten Gesellschaft werden (König 1961: 67).[14]

Nicht wenige Teile der Soziologie hatten erhebliche Schwierigkeiten, sich nicht von dieser »Gruppenseligkeit« anstecken zu lassen. Unabhängig davon, ob es um eine Verklärung der Großfamilien im Vergleich zur Kleinfamilie, den Zerfall der Nachbarschaftsgruppe oder um die »Vermassung« in Großstädten ging – nicht wenige Soziologen schienen, so die Beobachtung von Hans Paul Bahrdt, eine »romantische Schwäche für kleinräumige, überschaubare Sozialbeziehungen« zu entwickeln. Es gab deutliche Sympathien für die Systeme, die die ganze Person erfassen, gegenüber Systemen, in denen Menschen sich lediglich in vorgegebenen Rollen bewegen (Bahrdt 1980: 125).[15]

Die Hoffnung, über Gruppen gesellschaftliche Probleme in den Griff zu bekommen, hat mittlerweile erheblich abgenommen; zu begrenzt waren die Effekte der Arbeit mit Gruppen in Organisationen (König 2011: 291), zu

unmittelbare Relevanz weit über Gruppen hinaus haben können. Man fände in Gruppen, so die Annahme, ein »kleines Modell« für soziale Interaktion, aus dem man Rückschlüsse für die »gesamte Gesellschaft« ziehen könnte (Back 1979: 292).

12 Siehe für eine solche Zeitdiagnose früh besonders Riesman (1953).

13 Siehe auch Königs (1961: 67) kritische Referenz auf Arnold Gehlen, der »informelle Vergemeinschaftungen« als Reaktion auf die »Vermassung« beschrieben hat (1957: 114 f.).

14 Besondere Hoffnungen verband Carl R. Rogers dabei mit dem von ihm entwickelten Konzept der »Encounter-Gruppen« (siehe dazu Gephart 2015: 284). König (1961: 67) bezog sich kritisch auf diese Hoffnungen von Gruppen als einem »Reorganisationszentrum« der Gesellschaft.

15 Überzeugend ist die Beobachtung von Bahrdt (1980: 125 f.), dass bei der Gegenüberstellung von Begriffen wie »Gemeinschaft« und »Gesellschaft« (Tönnies), der »Primärgruppe« und »Sekundärgruppe« (Cooley) oder von »informeller Gruppe« und »formalem Betrieb« (Mayo) immer eine Sympathie für die personenbezogenen Systeme durchschimmert. Siehe dazu auch sein Lehrbuch (Bahrdt 1984: 97 ff.).

enttäuschend die Erfahrungen mit den Versuchen über die Gruppen, politische Veränderungen zu erzielen (Edding 2005: 5). Geblieben sind etablierte gruppendynamische, -therapeutische und -pädagogische Verfahren, mit denen über die Simulation von gruppentypischen Prozessen Veränderungen bei einzelnen Personen erzielt werden können. Der Anspruch, mit Hilfe dieser künstlichen Gruppenbildungen Veränderungen über die einzelnen Personen hinaus zu erzielen, hat jedoch stark abgenommen (Hirsch 2004). Aber trotz dieser eher ernüchternden Erfahrungen flackern in der politischen Diskussion immer wieder Hoffnungen auf, durch die Nutzung von Gruppen gesellschaftliche Prozesse verändern zu können. Gruppen mit ihren personenbezogenen Vergemeinschaftungsformen scheinen die immer wieder reflexartig vorgebrachte Antwort auf eine konstatierte Anonymität in der modernen Gesellschaft zu sein (siehe nur beispielhaft Fine 2012; Junger 2016; Maffesoli 2019; Putnam 2001).

3. Die Suche nach einer soziologischen Bestimmung der Gruppe

Das Problem für die sozialwissenschaftliche Forschung liegt in dem Umstand, dass der Begriff der Gruppe sowohl im Alltag als auch in der Wissenschaft in unterschiedlicher Form verwendet wird.[16] Mal wird Gruppe als eine Kategorie verwendet, um eine Menge von Personen mit ähnlichen Merkmalen zu bestimmen (so beispielsweise bei Marques, Abrams, Serôdio 2001: 436), mal als Synonym für jede Form von Beziehungen, in denen Menschen miteinander »verknotet« sind (zum Beispiel Lindgren, Strempel 1974: 347; Tyrell 1983). In anderen Fällen werden komplette Organisationen unter dem Begriff der Gruppe zusammengefasst, manchmal nur Subeinheiten wie Abteilungen oder Teams, nicht selten werden Gruppen aber auch gerade im Gegensatz zu Teams definiert (dazu ausführlich Kühl 2008: 65 ff.). Manchmal wird unter Gruppe jede Face-to-Face-Interaktion verstanden, in der Personen sich gegenseitig wahrnehmen und aufeinander reagieren,[17]

16 Zur Unterschiedlichkeit in der Bestimmung von Gruppen siehe zum Beispiel Bernsdorf (1969: 384 f.), Boudon, Bourricaud (1989: 186), Etzemüller (2019: 23), Skrobanek (2013: 91 f.).

17 So im Mainstream der experimentellen Sozialpsychologie; siehe die Kritik zum Beispiel von Putnam, Stohl (1990: 262), Beck et al. (2016: 666 f.).

manchmal wird von Gruppen nur gesprochen, wenn die sich treffenden Personen eine gemeinsame Geschichte haben.[18]

In der allgemeinsten Form wird unter einer Gruppe eine Anzahl von Individuen verstanden, die sich in Bezug auf ein Merkmal ähnlich sind (Schäfers 1980: 19). Die Rede ist dann von der Gruppe der Schwarzhaarigen, der Zigarettenrauchenden, der Jugendlichen oder der Esperanto-Sprechenden. Um zu so einer Gruppe gezählt zu werden, reicht es aus, über das entsprechende Merkmal zu verfügen. Ob man mit anderen Trägern des Merkmals in Kontakt steht oder sich überhaupt dieser Gruppe zugehörig fühlt, ist zweitrangig. Das Problem – und darauf ist in der Forschung früh hingewiesen worden – mit dieser Definition ist, dass man mit dieser sehr weiten Verwendung des Begriffs der Gruppe nur die für Statistiker interessanten Merkmalsgruppen ins Blickfeld bekommen kann, aber Gruppen mit ihrer Dynamik zwischen ihren Mitgliedern unerfasst bleiben.

Deswegen wurde früh in Abgrenzung zu dieser Vorstellung von Merkmalsgruppen vorgeschlagen, dass Gruppen notwendigerweise in irgendeiner Form in einer sozialen Wechselwirkung zueinander stehen sollten.[19] Die Gruppe wurde dabei verstanden als der »allgemeinste Ausdruck für Mehrheiten von Menschen, die sich in ihrem miteinander beeinflussen und beeinflussen können« (Proesler, Beer 1955: 11; ähnlich immer noch Hogg, Vaughan 2008: 268). In dieser weiten Bestimmung konnten so unterschiedliche Phänomene wie Familien, Sippen, Freundeskreise, Milieus, Klassen, Stämme, Kasten, Völker, Vereine, Aktiengesellschaften, Gewerkschaften und Verbände unter dem Begriff der Gruppe zusammengefasst werden. Das Konzept der Gruppe wurde somit letztlich – ähnlich wie später der Begriff der sozialen Systeme – als allgemeinster Klassifikationsbegriff für generelle soziale Beziehungen verstanden.[20]

Im Laufe der Zeit wurde der Gruppenbegriff immer enger gefasst.[21] Zuerst wurden Gruppen mit dem Verweis auf ihre Strukturiert- und Dauerhaftigkeit von sich spontan ausbildenden Phänomenen wie Massen, Mobs

18 Beispielsweise bei Homans (1950). Insbesondere in der soziologischen und psychologischen Forschung lässt sich ein Ringen um die Bestimmung der spezifischen Gestalt von Gruppen beobachten (so schon bei Lewin 1947).

19 Für eine solche Bestimmung in der frühen Soziologie vgl. beispielsweise Oppenheimer (1922: 460), Sombart (1931: 223).

20 Siehe zum Beispiel Bernsdorf (1969: 384 f.), Fischer (1951: 1) oder Sherif, Sherif (1969: 15) für entsprechende Bestimmungen.

21 Für einen gegenläufigen Trend siehe aber Tajfel et al. (1971), Tajfel (1982) und ausführlich Tajfel (1981).

oder Pogromen unterschieden (schon früh von Wiese 1931: 77f f.; später auch Bezdek 2007: 2029 f.). Dann wurden unter dem Begriff der »Großgruppe« soziale Gebilde mit vielen Mitgliedern – etwa Staaten, Unternehmen oder Kirchen – von Gruppen im engeren Sinne analytisch abgetrennt (zum Beispiel Claessens 1977). Als Anker für die Bestimmung diente immer mehr nur die kleine Anzahl von Personen, die miteinander in einer Wechselbeziehung stehen. Von einer Gruppe, so der Vorschlag, sollte nur dann die Rede sein, wenn sich die Mitglieder gegenseitig als Personen wahrnehmen können, sie sich also in ihren persönlichen Eigenarten einschätzen können. Klein-, Intim-, Primär oder Face-to-Face-Gruppen waren Begriffe, mit denen versucht wurde, den Gruppenbegriff enger zu führen.[22]

Aber selbst mit dem Versuch, Gruppen über die Anzahl der Personen zu bestimmen, wurden noch sehr unterschiedliche soziale Phänomene zusammengefasst. Schließlich bestehen viele soziale Gebilde aus wenigen Personen. Man denke an das Zusammentreffen von Teams in Organisationen, an Partys unter Freunden, an eine Ansammlung von Kunden in einem Gemüseladen, die Bildung einer Kleinstorganisation oder das Zusammenziehen von einander nicht kennenden Personen in einem Laborexperiment.[23] Somit hatte man auch über das Kriterium einer kleinen Anzahl an in Kontakt stehenden Personen nur eine weitere wilde Liste produziert.

Letztlich kann jede Person den Begriff der Gruppe so verwenden, wie es ihr gerade gefällt. Es gibt keine Sprachpolizei, die die Verwendung eines Ausdrucks in verbindlicher Form vorschreiben kann. Eine solch mangelnde Begriffspräzision muss für dessen ›Karriere‹ kein Nachteil sein. Der Erfolg des Begriffs der Gruppe in der Soziologie – aber auch in der Psychologie – in der ersten Hälfte des zwanzigsten Jahrhunderts kann vielmehr darauf zurückgeführt, dass dieser so allgemein gehalten worden war, dass letztlich alle sozialen Phänomene darunter abgehandelt werden konnten (siehe dazu Bernsdorf 1969: 384 f.; DeLamater 1974: 30 f.; Fuhse 2006: 250; König 1983: 36 f.). Aber spätestens als deutlich wurde, dass soziale Phänomene in ihrer Allgemeinheit mit Bezeichnungen wie: soziale Beziehungen, soziale Institutionen oder soziale Systeme besser zu fassen sind, war die Unbestimmtheit des Begriffs der

22 Für diese Engführung zentral ist Homans (1950).

23 Eine frühe Kritik an der Bestimmung von Gruppen über die Größe findet sich bei Arensberg (1951).

Gruppe die zentrale Ursache für dessen Niedergang in der sozialwissenschaftlichen Forschung.[24] Angesichts der Konkurrenz mit diesen präziser bestimmten Begriffen wurde deutlich, dass der Gruppenbegriff nur Sinn ergibt, wenn er in einer engen, trennscharfen Form verwendet wird.

Welche Möglichkeiten für eine enge Bestimmung von Gruppen deuten sich an und welche Forschungsperspektiven sind damit verbunden?

4. Die personenbezogene Erwartungsbildung in Gruppen

Am erfolgversprechendsten scheint der Versuch zu sein, den Gruppenbegriff über die personale Orientierung in der Kommunikation ihrer Mitglieder zu spezifizieren (Neidhardt 1983: 14). Der Personenbezug von Gruppen wird dabei in der wissenschaftlichen Forschung mit unterschiedlichen Begriffen umschrieben.[25] Es ist die Rede von einem »Gemeinschaftsgefühl« (Cooley 1909: 23 f.) oder einem »Wir-Gefühl« (Geiger 1927: 341), einer »starken emotionalen Beziehung« (Dunphy 1972: 5) oder einem »sich ähnlich oder gleich Fühlen« (Proesler, Beer 1955: 34). Dieses »Wir-Gefühl« bilde sich, so das Argument, als Ergebnis der intimen Face-to-Face-Kontakte in Gruppen aus. Die »Sympathie« und »Identifikation« der Gruppenmitglieder für- und miteinander spiele, so schon früh Charles H. Cooley, für die Genese des »Wir-Gefühls« bzw. eines »Wir-Bewusstseins« eine wichtige Rolle und führe zu einem teilweisen Aufgehen des Individuums in einem »gemeinsamen Ganzen« (Cooley 1909: 23 f.).

Die »personale Orientierung« kann das starke Interesse von gruppensoziologischen Forschern am »inneren System« – also den Innenbezügen von Gruppenmitgliedern – erklären. Während in Organisationen fast zwangsläufig der Fokus auf die Beziehung zu Kooperationspartnern, Konkurrenten, Kunden oder Klienten gelegt wird und interne Prozesse in der Regel immer auch im Hinblick auf die Umweltbeziehung des Systems betrachtet werden, richtet sich die Konzentration in Gruppen vorrangig auf die Frage, wie deren Angehörige miteinander interagieren. Die Systemlogik der Gruppe wird durch die »persönlichen Mitgliederbeziehungen« dominiert, während die

24 Zum Niedergang des Konzeptes der Gruppe siehe als Ausgangspunkt Mullins (1973: 105 ff.), Poole (1990: 241), Steiner (1974: 94), Zelditch (2014: 2).

25 Siehe zu den folgenden Absätzen Kühl (2020). In dem Artikel wird versucht, auf der Basis von Überlegungen von Niklas Luhmann ein enges Verständnis von Gruppe zu spezifizieren.

Umweltbeziehungen maßgeblich durch den »Primat der Binnenorientierung« geprägt sind.[26]

Mit der Bestimmung von Gruppen über deren personale Orientierung konnte an die gruppensoziologischen Überlegungen zu deren geringer Größe angeschlossen werden, ohne aber eine simple numerische Bestimmung zu übernehmen. Die personale Orientierung in Gruppen verlangt stattdessen, dass sich alle (!) Gruppenmitglieder gegenseitig als Personen kennenlernen und ihre Erwartungen in der Gruppe über diese Personenkenntnis einregulieren. Das führt zwangsläufig dazu, dass Gruppen eine quantitative Obergrenze haben, weil die kognitiven Möglichkeiten, persönliche Erwartungsbildungen zu entwickeln und diese aufeinander abzustimmen, begrenzt sind (Tyrell 1983: 84). In Anschluss an Georg Simmel liegen hier erhebliche – in der Soziologie noch nicht geborgene – Potentiale, Schrumpfungs- und Wachstumsprozesse von Gruppen unter dem Gesichtspunkt der Einregulierung personaler Orientierung ins Blickfeld zu bekommen (siehe als Ausgangspunkt Simmel 1992: 68).[27]

Mit der zunehmend engeren Bestimmung muss der Versuch, Gruppe als soziologische Zentralkategorie zu etablieren, als endgültig gescheitert betrachtet werden.[28] In Mode sind jetzt eher Konzepte wie Netzwerk, Organisation und Institution, die ihre Karriere im wissenschaftlichen Diskurs – übrigens

26 Siehe dazu einschlägig Neidhardt 1979 in offensichtlichem Anschluss an Homans (1950: 90 ff.). Hier gibt es eine in der Diskussion häufig übersehene, interessante Akzentverschiebung. Homans behandelt in seinem Klassiker zur Gruppensoziologie das »äußere System« und das »innere System« der Gruppe noch gleichrangig (siehe die jeweiligen Kapitel in der deutschsprachigen Fassung Homans 1960: 100 ff. und 123 ff.). Mit der immer stärkeren Betonung von personenbezogener Erwartungsbildung verlagert sich bei Neidhardt (1979) der Fokus immer mehr auf das »innere System«. Mit einer analytischen Trennung von Gruppen und Teams (siehe dazu Kühl 2008: 65 ff.) kann man für Teams einen stärkeren Bezug auf die äußere Umwelt, für Gruppen einen stärkeren Bezug auf die innere Umwelt identifizieren. Die Konsequenz einer Bestimmung von Gruppen über personenbezogene Erwartung ist, dass Teams nicht mehr als eine spezifische Form von Gruppe verstanden werden können, sondern vielmehr Teams, Cliquen und Gruppen als unterschiedliche Formen der Systembildung voneinander unterschieden werden müssen.

27 Hier liegt eine Reihe von innovativen Anschlussmöglichkeiten an eine Soziologie kleiner Systeme. Siehe dazu besonders Geser (1980).

28 Das kann auch den Bedeutungsverlust der Gruppe als Kategorie sowohl in der empirischen Forschung als auch in der soziologischen Theoriebildung erklären; siehe dazu zum Beispiel Mullins (1973: 122) und Hogg, Tindale (2001: ix).

vergleichbar zur Karriere des frühen Gruppenbegriffs – zu nicht unerheblichen Teilen einer sehr weiten, häufig diffusen Bestimmung verdanken.[29]

Je weniger der Gruppenbegriff in seiner Engfassung dafür genutzt werden konnte, um Stämme, Schichten, Organisationen oder Staaten soziologisch zu erfassen, desto geringer scheint das soziologische Interesse an der Erforschung sowie der Einordnung von Gruppen in eine umfassende Gesellschaftstheorie geworden zu sein. In einer Soziologie, in der die Gesellschaft entweder über stratifikatorische Differenzierung in Klassen, Schichten oder Kasten oder über die funktionale Differenzierung in unterschiedliche gesellschaftliche Teilbereiche wie Wirtschaft, Politik, Religion und Wissenschaft verstanden wird, scheint nur noch wenig Platz für eine Analyse von Kleingruppen zu sein (dazu früh Tenbruck 1964: 436).

Angesichts dieses berechtigten Bedeutungsverlustes wird jedoch übersehen, dass es notwendig bleibt, die Strukturen, Dynamiken und Funktionen von auf personenbezogener Kommunikation basierenden sozialen Systemen näher zu bestimmen. Auch wenn sich der Begriff der Gruppe – ähnlich wie die Begriffe des Netzwerkes, der Organisation und der Institution – nicht als Zentralkategorie der Soziologie eignet, bleibt ein Bedarf bestehen, die Spezifik von sozialen Gebilden, die sich über personenbezogene Erwartungsbildung reproduzieren und so von ihrer Umwelt abgrenzen, näher zu analysieren.

5. Anschlüsse und Perspektiven

Die Zentralität der personenbezogenen Erwartungsbildung in Gruppen ermöglicht es, die Gruppensoziologie systematisch mit einer Reihe von anderen Forschungsansätzen ins Gespräch zu bringen. Besonders ist an drei Forschungsstränge zu denken, die, ähnlich wie die Gruppensoziologie, keinen systematischen Ort in der deutschsprachigen Soziologie gefunden haben.

Erstens betrifft dies Forschungen zur Freundschaft. Zum Thema Freundschaft hat sich ein eigener Forschungsstrang ausgebildet, der einige

29 Für eine Ausweitung des Netzwerkbegriffs siehe beispielsweise Latour (2005), des Institutionenbegriffs March, Olsen (1989), North (1990), Scott (1995) oder für die Ausweitung des Organisationsbegriffs Ahrne, Brunsson (2011), Friedberg (1992). Man könnte auch an andere Begriffe denken, die ihre Karriere und ihren Niedergang einer sehr weiten, häufig unterbestimmten Fassung verdanken. Die Vorstellung »sozialer Kollektive« von Talcott Parsons ist hierfür ein instruktives Beispiel. Aufschlussreich dazu Mahlert (2015: 274 f.) mit ihrem interessanten Versuch zur Wiederbelebung des Begriffs.

Themen der Kleingruppenforschung aufgegriffen hat, ohne sich aber in der Regel direkt auf diese zu beziehen.[30] Diese vergleichsweise schwach entwickelte Perspektive stellt quasi die Parallelbemühung zur deutlich stärker entwickelten Forschung einerseits über Familien und andererseits über Liebesbeziehungen dar (Allan 1989). Von der Freundschaftsforschung sind in der Vergangenheit für die Soziologie zwar wichtige Impulse ausgegangen (siehe den Überblick bei Schobin et al. 2016), doch sie haben darunter gelitten, dass Freundschaften in der Regel nicht systematisch mit Liebesbeziehungen und Familien in Bezug gesetzt wurden (als Ausnahme: Schmidt 2000).

Zweitens hat sich – besonders in der Psychologie, aber auch in der Ethnologie und Soziologie – unter dem Begriff der persönlichen Beziehungen ein Forschungsstrang ausgebildet, der eine Vielzahl unterschiedlicher Systeme ins Blickfeld nimmt (siehe als Ausgangspunkt Hinde 1979). Diese Perspektive zielt darauf ab, persönliche Beziehungen als emergentes Phänomen gegenüber persönlichen Face-to-Face-Interaktionen herauszuarbeiten (Lenz 2008). Aus dieser Forschung sind interessante Ergebnisse über Freundschaften, Nachbarschaften, Verwandtschaften, Paarbeziehungen, Eltern-Kind-Beziehungen, Geschwisterbeziehungen oder auch Mensch-Tier-Beziehungen hervorgegangen (Duck 1989; Lenz, Nestmann 2009; Rubin, Bukowski, Laursen 2009; Vangelisti, Perlman 2006). Es fällt jedoch auf, wie wenig diese verschiedenen Formen persönlicher Beziehung systematisch zueinander in Bezug gesetzt werden.

Drittens gibt es einen schwachen Forschungsstrang, der versucht, den Begriff der Gemeinschaft für soziologische Analysen wiederzubeleben (zum Beispiel Calhoun 1980; Macfarlane 1977). Der Begriff der Gemeinschaft hat darunter gelitten, dass er in den Analysen sehr unterschiedlich gefasst wurde.[31] Durch die Bestimmung von Gemeinschaft über »gegenseitige Unterstützung«, »geringer Grad an Statusunterschieden« und »informale Mechanismen der Konfliktresolution« können verschiedene Varianten wie Nachbarschaftsgruppen, Freundschaftsgruppen und Kommunen differenziert werden (siehe als Ausgangspunkt Brint 2001). Aber auch die Engführung des Begriffs der Gemeinschaft führt nicht dazu, dass Gemeinschaften systematisch zu Familien oder zu Liebensziehungen ins Verhältnis gesetzt werden können.

30 Prominenter Ausgangspunkt für den deutschsprachigen Raum ist Tenbruck (1964), für den englischsprachigen Raum Eisenstadt (1974).

31 Siehe die frühe Klage von Hillery (1955); dazu auch Geser (1983: 205 ff.), Stegbauer (2001: 67 ff.).

Durch einen enggeführten Gruppenbegriff ergeben sich vielfältige neue Forschungsperspektiven, die durch eine mit einer weiten Definition hantierenden Forschung bisher vernachlässigt oder gar übersehen wurden. Ein Fokus muss sich in diesem Zusammenhang sicherlich auf die Struktur von Gruppen mit ihren personenbezogenen Erwartungsbildungen richten. Dabei können besonders die Ausbildung von Normen – zum Beispiel im Hinblick auf die Aufnahme oder den Ausschluss von Mitgliedern, auf die Entwicklung von Führungsansprüchen oder auf die Setzung von Themen – interessant sein.

Eine andere Perspektive könnte die Funktion von Gruppen in modernen Gesellschaften in den Mittelpunkt stellen. Wünschenswert wäre hierbei, die Gruppe in Beziehung zu anderen Gebilden – etwa Liebesbeziehungen oder (Klein-)Familien – zu setzen, in denen Menschen primär als Person und nicht als Rollenträger angesprochen werden. Erst durch die Differenzierung verschiedener, auf personenbezogener Erwartungsbildung basierender Systeme, die ähnliche oder gleiche gesellschaftliche Funktionen erfüllen, ist es möglich, deren unterschiedliche Bedeutung in verschiedenen Lebensphasen präzise zu beschreiben.[32]

Schließlich ließe sich noch ein weiterer Schwerpunkt auf die Verschachtelungen sowie die Übergänge zwischen verschiedenen Systemen legen. Erst wenn Gruppen systematisch von Organisationen, Bewegungen oder Familien unterschieden werden, kann man genauer ins Blickfeld nehmen, welche Bedeutung Gruppen innerhalb von Bewegungen oder Organisationen spielen und welche Transformationsprozesse zwischen Gruppen, Organisationen, Bewegungen und Familien beobachtbar sind. Gesellschafstheoretisch wäre es dadurch möglich, die Ausbildung von Gruppen in der modernen Gesellschaft – gerade auch in ihrem Verhältnis zu Organisationen, Bewegungen und Familien – ins Blickfeld zu bekommen.

Auf Seite 108 in diesem Heft finden Sie die Einladung zu zwei Workshops zur Prüfung der Gründung einer Arbeitsgruppe oder einer Sektion für Gruppensoziologie.

32 Hier ist zu klären, ob es für die Bildung von Theorien und zur Planung von Empirie sinnvoller wäre, systematisch zwischen Freundesgruppen, Liebesbeziehungen und Kleinfamilien zu unterscheiden, oder ob man die Gruppe als Oberbegriff wählen sollte, innerhalb dessen Freundschaften, Liebesbeziehungen und Familiensysteme gegeneinander abgegrenzt werden. Ich tendiere – wie in dem Artikel deutlich ersichtlich – zur ersten Variante, weil diese Vorgehensweise es ermöglicht, den Gruppenbegriff eng mit den Forschungen zu Freundschaften, zu persönlichen Beziehungen und zu Gemeinschaften kurzzuschließen.

Literatur

Adler, P.A., Adler, P. 1995: Dynamics of Inclusion and Exclusion in Preadolescent Cliques. Social Psychology Quarterly, vol. 58, 145–162.

Ahrne, G., Brunsson, N. 2011: Organization Outside Organizations. The Significance of Partial Organization. Organization, vol. 18, 83–104.

Allan, G. 1989: Friendship. Developing a Sociological Perspective. New York, London, Toronto: Harvester.

Ancona, D., Bresman, H. 2007: X-teams. How to Build Teams That Lead, Innovate, and Succeed. Boston: Harvard Business School Press.

Ancona, D., Bresman, H., Kaeufer, K. 2002: The Comparative Advantage of X-Teams. Sloan Management Review, vol. 45, 32–39.

Arensberg, C.M. 1951: Behavior and Organization. Industrial Studies. In J.R. Rohrer, M. Sherif (eds.), Social Psychology at the Crossroads. New York: Harper, 324–352.

Back, K.W. 1979: The Small Group – Tightrope between Sociology and Personality. Journal of Applied Behavioral Science, vol. 15, 283–294.

Back, K.W., Polisar, D. 1983: Salons und Kaffeehäuser. In F. Neidhardt (Hg.), Gruppensoziologie. Perspektiven und Materialien. Opladen: Westdeutscher Verlag, 276–286.

Bahrdt, H.P. 1980: Gruppenseligkeit und Gruppenideologie. Merkur, 34. Jg., 122–136.

Bahrdt, H.P. 1984: Schlüsselbegriffe der Soziologie. Eine Einführung mit Lehrbeispielen. München: C.H. Beck.

Bathon, F. 2016: Der Putzplan. Ein soziologischer Versuch. München: Hanser Box.

Baxter, B., Cassidy, R. 1943: Group Experience. The Democratic Way. New York: Harper & Brothers.

Beck, S.J., Bourdeaux, R., DiTunnariello, N., Paskewitz, E.A. 2016: A Review and Technological Consideration of the Bona Fide Group Perspective. Small Group Research, vol. 47, 665–691.

Becker, H., Eigenbrodt, J., May, M. 1983: Cliquen und Raum. Zur Konstituierung von Sozialräumen bei unterschiedlichen sozialen Milieus von Jugendlichen. In F. Neidhardt (Hg.), Gruppensoziologie. Perspektiven und Materialien. Opladen: Westdeutscher Verlag, 451–483.

Bernsdorf, W. 1969: Gruppe. In W. Bernsdorf (Hg.), Wörterbuch der Soziologie. Stuttgart: Enke, 384–401.

Bezdek, W. 2007: Groups. In G. Ritzer (ed.), The Blackwell Encyclopedia of Sociology. Malden: Blackwell, 2029–2033.

Binder, N. 2019: Künstliche Fälle. Inszenierungen in der Sozialpsychologie Kurt Lewins. Mittelweg 36, 28. Jg., 68–91.

Boudon, R., Bourricaud, F. 1989: A Critical Dictionary of Sociology. London: Routledge.

Brandes, H. 2008: Selbstbildung in Kindergruppen. Die Konstruktion sozialer Beziehungen. München, Basel: Ernst Reinhardt Verlag.

Brint, S. 2001: Gemeinschaft Revisited: A Critique and Reconstruction of the Community Concept. Sociological Theory, vol. 19, 1–23.

Bude, H. 2008: Die Aktualität der Freundschaft. Mittelweg 36, 17. Jg., 6–16.

Calhoun, C. J. 1980: Community. Toward a Variable Conceptualization for Comparative Research. Social History, vol. 5, 105–129.

Cantor, M.H. 1979: Neighbors and Friends. Research on Aging, vol. 1, 434–463.

Claessens, D. 1977: Gruppen und Gruppenverbände. Systematische Einführung in die Folgen der Vergesellschaftung. Darmstadt: Wissenschaftliche Buchgesellschaft.

Cooley, C.H. 1909: Social Organization. New York: Charles Scribner's Son.

DeLamater, J. 1974: A Definition of »Group«. Small Group Behavior, vol. 5, 30–44.

Doob, L.W. 1970: Resolving Conflict in Africa. New Haven: Yale University Press.

Duck, S. (ed.). 1989: Handbook of Personal Relationships. Theory, Research and Interventions. Chichester: Wiley.

Dunphy, D.C. 1972: The Primary Group. A Handbook for Analysis and Research. New York: Appleton Century Crofts.

Eckert, R. 2012: Die Dynamik jugendlicher Gruppen. Über Zugehörigkeit Identitätsbildung und Konflikt. Weinheim: Beltz Juventa.

Edding, C. 2005: Abschied von der Gruppe, so wie wir sie kannten und liebten? Ein Rückblick und ein Ausblick. Gruppenpsychotherapie und Gruppendynamik, 41. Jg., 3–22.

Eisenstadt, S.N. 1974: Friendship and the Structure of Trust and Solidarity in Society. In E. Leyton (ed.), The Compact. Selected Dimensions of Friendship. Newfoundland: Memorial University of Newfoundland, 138–146.

Etzemüller, T. 2019: Die Gruppe. Zwischen schwerer und kybernetischer Moderne. Mittelweg 36, 28. Jg., 22–43.

Fine, G.A. 2012: Tiny Publics. A Theory of Group Action and Culture. New York: Russell Sage Foundation.

Fischer, K.A. 1951: Kultur und Gesellung. Ein Beitrag zur allgemeinen Kultursoziologie. Wiesbaden: Westdeutscher Verlag.

Friedberg, E. 1992: Les quatre dimensions de l'action organisée. Revue française de sociologie, 33. Jg., 531–557.

Fuhse, J.A. 2006: Gruppe und Netzwerk - eine begriffsgeschichtliche Rekonstruktion. Berliner Journal für Soziologie, 16. Jg., 245–263.

Gastil, J. 2010: The Group in Society. Los Angeles, London: Sage.

Gehlen, A. 1957: Die Seele im technischen Zeitalter. Sozialpsychologische Probleme in der industriellen Gesellschaft. Reinbek bei Hamburg: Rowohlt.

Geiger, T. 1927: Die Gruppe und die Kategorien Gemeinschaft und Gesellschaft. Archiv für Sozialwissenschaft und Sozialpolitik, 58. Jg., 338–372.

Gephart, H. 2015: Die Gruppe als Heilmittel. Psychotherapie in der Gruppe. In C. Edding, K., Schattenhofer, A. Amann (Hg.), Handbuch Alles über Gruppen. Theorie, Anwendung, Praxis. 2. Aufl. Weinheim, Basel: Beltz Verlag, 281–321.

Geser, H. 1980: Kleine Sozialsysteme: Strukturmerkmale und Leistungskapazitäten. Versuch einer theoretischen Integration. Kölner Zeitschrift für Soziologie und Sozialpsychologie, 32. Jg., 205–239.

Geser, H. 1983: Strukturformen und Funktionsleistungen sozialer Systeme. Ein soziologisches Paradigma. Opladen: Westdeutscher Verlag.

Hess, B.B. 1979: Sex Roles, Friendship, and the Life Course. Research on Aging, vol. 1, 494–515.

Hillery, G.A. 1955: Definitions of Community. Areas of Agreement. Rural Sociology, vol. 20, 111–123.

Hinde, R.A. 1979: Towards Understanding Relationships. London: Academic Press.

Hirsch, M. 2004: Gedanken zum Schwinden der Attraktivität analytischer Gruppenpsychotherapie. Gruppenpsychotherapie und Gruppendynamik, 40. Jg., 164–178.

Hogg, M.A., Tindale, R.S. 2001: Preface. In M.A. Hogg, R.S. Tindale (eds.), Blackwell Handbook of Social Psychology: Group Processes. Malden, Oxford: Blackwell, ix–xiv.

Hogg, M.A., Vaughan, G.M. 2008: Social Psychology. Harlow: Pearson.

Homans, G.C. 1950: The Human Group. New York: Harcourt Brace.

Homans, G.C. 1960: Theorie der sozialen Gruppe. Köln: Westdeutscher Verlag.

Jerrome, D. 1981: The Significance of Friendship for Women in Later Life. Ageing and Society, vol. 1, 175–197.

Junger, S. 2016: Tribe. On Homecoming and Belonging. New York: Twelve.

Kogon, M.M., Biswas, A., Pearl, D., Carlson, R.W., Spiegel, D. 1997: Effects of Medical and Psychotherapeutic Treatment on the Survival of Women with Metastatic Breast Carcinoma. Cancer, vol. 80, 225–230.

König, O. 2011: Vom allmählichen Verschwinden der Gruppenverfahren. Psychotherapeut, 56. Jg., 287–296.

König, R. 1961: Die informellen Gruppen im Industriebetrieb. In E. Schnaufer, K. Agthe (Hg.), Organisation. Berlin: Deutscher Betriebswirte Verlag, 55–118.

König, R. 1983: Die analytisch praktische Doppelbedeutung des Gruppentheorems. Ein Blick in die Hintergründe. In F. Neidhardt (Hg.), Gruppensoziologie. Perspektiven und Materialien. Opladen: Westdeutscher Verlag, 36–64.

Kühl, S. 2008: Coaching und Supervision. Zur personenorientierten Beratung in Organisationen. Wiesbaden: VS.

Kühl, S. 2015: Gruppen, Organisationen, Familien und Bewegungen. Zur Soziologie mitgliedschaftsbasierter Systeme zwischen Interaktion und Gesellschaft. In B. Heintz, H. Tyrell (Hg.), Interaktion – Organisation – Gesellschaft revisited. Sonderheft der Zeitschrift für Soziologie. Stuttgart: Lucius & Lucius, 65–85.

Kühl, S. 2020: Gruppen. Eine systemtheoretische Bestimmung. Kölner Zeitschrift für Soziologie und Sozialpsychologie, 73. Jg., im Erscheinen.

Latour, B. 2005: Reassembling the Social. An Introduction to Actor-Network-Theory. Oxford: Oxford University Press.

Lenz, K. 2008: Persönliche Beziehungen. In H. Willems (Hg.), Lehr(er)buch Soziologie. Für die pädagogischen und soziologischen Sudiengänge. Wiesbaden: VS, 681–701.

Lenz, K., Nestmann, F. (Hg.). 2009: Handbuch persönliche Beziehungen. Weinheim: Juventa.

Lewin, K. 1943a: Forces Behind Food Habits and Methods of Change. In The National Research Council (ed.), The Problem of Changing Food Habits: Report of the Committee on Food Habits 1941–1943. Washington: National Academy of Sciences, 35-65.

Lewin, K. 1943b: The Special Case of Germany. Public Opinion Quarterly, vol. 7, 555–566.

Lewin, K. 1947: Frontiers in Group Dynamics. Concept, Method and Reality in Social Science; Social Equilibria and Social Change. Human Relations, vol. 1, 5–41.

Lewin, K. 1968: Die Lösung sozialer Konflikte: Ausgewählte Abhandlungen über Gruppendynamik. Bad Nauheim: Christian Verlag.

Lindgren, H.C., Strempel, M.G. 1974: Einführung in die Sozialpsychologie. Weinheim: Beltz Verlag.

Luhmann, N. 1964: Funktionen und Folgen formaler Organisation. Berlin: Duncker & Humblot.

Macfarlane, A. 1977: History, Anthropology and the Study of Communities. Social History, vol. 2, 631–652.

Maffesoli, M. 2019: Le temps des tribus. Le déclin de l'individualisme dans les sociétés postmodernes. Paris: La Table ronde.

Mahlert, B. 2015: Soziale Ordnungsbildung durch Kollektivität: Luhmanns »Ebenenunterscheidung« und die moderne Weltgesellschaft. In B. Heintz, H. Tyrell (Hg.), Interaktion – Organisation – Gesellschaft revisited. Sonderheft der Zeitschrift für Soziologie. Stuttgart: Lucius & Lucius, 271–293.

March, J.G., Olsen, J.P. 1989: Rediscovering Institutions. New York: Free Press.

Marques, J., Abrams, D., Serôdio, R.G. 2001: Being Better by Being Right. Subjective Group Dynamics and Derogation of In-group Deviants when Generic Norms are Undermined. Journal of Personality and Social Psychology, vol. 81, 436–447.

Mayo, E. 1933: The Human Problems of an Industrial Civilization. New York: Macmillan.

Mullins, N.C. 1973: Theories and Theory Groups in Contemporary American Sociology. New York, NY: Harper & Row.

Neidhardt, F. 1979: Das innere System sozialer Gruppen. Kölner Zeitschrift für Soziologie und Sozialpsychologie, 31. Jg., 639–660.

Neidhardt, F. 1983: Themen und Thesen zur Gruppensoziologie. In F. Neidhardt (Hg.), Gruppensoziologie. Perspektiven und Materialien. Opladen: Westdeutscher Verlag, 12–34.

North, D.C. 1990: Institutions, Institutional Change and Economic Performance. Cambridge: Cambridge University Press.

Ohle, K. 1983: Formalisierungsgrad und Gruppencharakter. Dargestellt am Beispiel von Motorradclubs. In F. Neidhardt (Hg.), Gruppensoziologie. Perspektiven und Materialien. Opladen: Westdeutscher Verlag, 497–509.

Oppenheimer, F. 1922: System der Soziologie. Allgemeine Soziologie. Jena: Gustav Fischer.

Pescosolido, A.T. 2002: Emergent Leaders as Managers of Group Emotion. The Leadership Quarterly, vol. 13, 583–599.

Poole, M.S. 1990: Do We Have Any Theories of Group Communication? Communication Studies, vol. 41, 237–247.

Proesler, H., Beer, K. 1955: Die Gruppe – The Group – Le Groupe. Ein Beitrag zur Systematisierung soziologischer Grundbegriffe. Berlin: Duncker & Humblot.

Putnam, L.L., Stohl, C. 1990: Bona Fide Groups. A Reconceptualization of Groups in Context. Communication Studies, vol. 41, 248–265.

Putnam, R.D. 2001: Bowling Alone. The Collapse and Revival of American Community. New York: Simon & Schuster.

Reichardt, S. 2014: Authentizität und Gemeinschaft. Linksalternatives Leben in den siebziger und frühen achtziger Jahren. Berlin: Suhrkamp.

Richter, H.E. 1972: Die Gruppe. Hoffnung auf einen neuen Weg, sich selbst und andere zu befreien. Reinbek bei Hamburg: Rowohlt.

Riesman, D. 1953: The Lonely Crowd: A Study of the Changing American Character. Doubleday: Garden City.

Riesman, D. 1954: Individualism Reconsidered. New York: Free Press.

Roethlisberger, F.J., Dickson, W. J. 1939: Management and the Worker. An Account of a Research Program Conducted by the Western Electric Company, Hawthorne Works, Chicago. Cambridge: Harvard University Press.

Rogers, C.R. 1984: Die Zukunft der Gruppenbewegung. In A. Heigl-Evers (Hg.), Sozialpsychologie. Band 2. Gruppendynamik und Gruppentherapie. Weinheim, Basel: Beltz Verlag.

Rubin, K.H., Bukowski, W.M., Laursen, B.P. (eds.) 2009: Handbook of Peer Interactions, Relationships, and Groups. New York: Guilford Press.

Rühmkorf, P. 2004: Tabu II. Tagebücher 1971–1972. Reinbek bei Hamburg: Rowohlt.

Schäfers, B. 1980: Entwicklung der Gruppensoziologie und Eigenständigkeit der Gruppe als Sozialgebilde. In B. Schäfers (Hg.), Einführung in die Gruppensoziologie. Heidelberg: UTB, 19–34.

Schmidt, J.F. 2000: Die Differenzierung persönlicher Beziehungen. Das Verhältnis von Liebe, Freundschaft und Partnerschaft. In K. Hahn, G. Burkart (Hg.), Grenzen und Grenzüberschreitungen der Liebe. Opladen: Westdeutscher Verlag, 73–100.

Schobin, J., Leuschner, V., Flick, S., Alleweldt, E., Heuser, E.A., Brandt, A. (Hg.) 2016: Freundschaft heute. Eine Einführung in die Freundschaftssoziologie. Bielefeld: transcript.

Schülein, J.A. 1983: Konstitution und Dynamik »offener« Primärgruppen. Zur Situation von Wohngemeinschaften. In F. Neidhardt (Hg.), Gruppensoziologie. Perspektiven und Materialien. Opladen: Westdeutscher Verlag, 391–419.

Scott, W.R. 1995: Institutions and Organizations. Thousand Oaks: Sage.

Sherif, M., Sherif, C.W. 1969: Social Psychology. New York: Harper & Row.

Simmel, G. 1992: Soziologie. Untersuchungen über die Formen der Vergesellschaftung. Frankfurt am Main: Suhrkamp.

Skrobanek, J. 2013: Gruppe. In A. Scherr (Hg.), Soziologische Basics. Wiesbaden: Springer, 91–100.

Sombart, W. 1931: Grundformen des menschlichen Zusammenlebens. In A. Vierkandt (Hg.), Handwörterbuch der Soziologie. Stuttgart: Enke, 221–239.

Stegbauer, C. 2001: Grenzen virtueller Gemeinschaft. Strukturen internetbasierter Kommunikationsforen. Wiesbaden: VS.

Steiner, I.D. 1974: Whatever Happened to the Group in Social Psychology? Journal of Experimental Social Psychology, vol. 10, 94–108.

Tajfel, H. 1981: Human Groups and Social Categories. Cambridge: Cambridge University Press.

Tajfel, H. 1982: Social Psychology of Intergroup Relations. Annual Review of Psychology, vol. 33, 1–39.

Tajfel, H., Billig, M.G., Bundy, R.P., Flament, C. 1971: Social Categorization and Intergroup Behaviour. European Journal of Social Psychology, no. 2, 149–178.

Tändler, M. 2016: Das therapeutische Jahrzehnt. Der Psychoboom in den siebziger Jahren. Göttingen: Wallstein.

Tenbruck, F.H. 1964: Freundschaft. Ein Beitrag zu einer Soziologie der persönlichen Beziehung. Kölner Zeitschrift für Soziologie und Sozialpsychologie, 16. Jg., 431–456.

Tyrell, H. 1983: Zwischen Interaktion und Organisation I: Gruppe als Systemtyp. In F. Neidhardt (Hg.), Gruppensoziologie. Perspektiven und Materialien. Opladen: Westdeutscher Verlag, 75–87.

Vangelisti, A.L., Perlman, D. (eds.). 2006: The Cambridge Handbook of Personal Relationships. Cambridge: Cambridge University Press.

von Wiese, L. 1931: Beziehungssoziologie. In A. Vierkandt (Hg.), Handwörterbuch der Soziologie. Stuttgart: Enke, 66–81.

Wetzel, J. 1998: Problemlösen in Gruppen: Miteinander ist besser als gegeneinander. In E. Ardelt Gattinger, H. Lechner, W. Schlögl (Hg.), Gruppendynamik. Anspruch und Wirklichkeit der Arbeit in Gruppen. Göttingen: Verlag für angewandte Psychologie, 113–126.

Wimmer, R. 2007: Die Gruppe ein eigenständiger Grundtypus sozialer Systembildung. In J. Aderhold, O. Kranz (Hg.), Intention und Funktion. Probleme der Vermittlung psychischer und sozialer Systeme. Wiesbaden: VS, 270–289.

Zelditch, M. 2014: Thirty Years of Advances in Group Processes: A Review Essay. Advances in Group Processes, vol. 30, 1–19.

Soziologie, 50. Jg., Heft 1, 2021, S. 46–65

Ungehaltene Dialoge

Zur Fortentwicklung soziologischer Intradisziplinarität[1]

Stefan Hirschauer

Seit gut drei Jahren laboriert die deutsche Soziologie an einem professionspolitischen Konflikt, der durch die Gründung der sogenannten ›Akademie für Soziologie‹ (AS) 2017 ausgelöst, wenngleich nicht verursacht wurde. Einem Gründungsaufruf folgte ein Gründungsakt in Mannheim, eine Stellungnahme des DGS-Vorstands, eine emotional bewegte Mitgliederversammlung auf dem Göttinger DGS-Kongress 2018 und mancher argumentative Schlagabtausch über verschiedene Medien.[2] Was eine respektable neue Vereinigung für analytisch-empirische Sozialforschung (im weiteren Feld der quantitativen Sozialforschung) hätte werden können, wurde durch diverse Verlautbarungen und strategische Züge (darunter die prätentiöse Selbstbetitelung) zu einer kleinen Konkurrenzorganisation der DGS, im Séparée des

1 Dieser Beitrag ist die ausgearbeitete Fassung eines Vortrags, der am 15. September 2020 auf dem Plenum »Un-Ordnung oder Um_Ordnung? Soziologie zwischen Multiparadigmatik und Einheitswissenschaft« des letzten DGS-Kongresses gehalten und am 21. September 2020 über *Soziopolis* distribuiert wurde. Kritischen Rat bei der Ausarbeitung boten die Kolleg:innen Gabriele Rosenthal, Stefan Hradil, Thomas Scheffer, Jörg Strübing, Herbert Kalthoff und eine freundliche Kollegin aus der analytisch-empirischen Soziologie, die es vorzieht, ungenannt zu bleiben.

2 Der Verfasser war verschiedentlich daran beteiligt, etwa in der *Zeitschrift für theoretische Soziologie*, bei der Hartmut Esser eine Kommentierung seines Aufsatz von 2018 durch mich anregt hatte, sowie beim ›Soziologischen Aschermittwoch‹ anlässlich des 100jährigen Jubiläums des Kölner Instituts für Soziologie im März 2019. Meine persönliche Wahrnehmung des Konflikts bestand darin, dass die AS mit ihrem Gestus und ihren Verlautbarungen sehr laut in einen dunklen Wald hineingerufen hatte und ein ebenso hörbares Echo Orientierung bieten könnte. Eine distanziertere Analyse der Diskursstrategien (der Claims und der konstruierten Selbst- und Fremdbilder) als *boundary work* bietet Kitzing (2020).

Faches. Dieser Beitrag macht einen Versuch, den Konflikt aus einer wissenschafts- und konfliktsoziologischen Perspektive zu verstehen und mögliche Wege der Konfliktlösung zu skizzieren. Die Grundidee des Beitrags ist, dass die Lagerung der Soziologie als allgemeine Wissenschaft vom Sozialen zwischen einer großen Zahl von Nachbarfächern, die erhebliche Fliehkräfte ausüben, nur eine konfliktfreudige Einheit des Faches erlaubt.

Konflikte haben ihre eigene Dynamik, sie saugen Themen an, sie mobilisieren Stereotype und sie polarisieren ihr Publikum so gut sie eben können in zwei Lager; und wenn sie produktiv sind, in solche, denen am Ende niemand mehr angehören möchte. Irgendwann haben Parteien wie Publikum genug und Einheitswünsche wachsen. In diesem Sinne spannte der Call zum ersten Plenum des vergangenen DGS-Kongresses die Soziologie zwischen Multiparadigmatik und Einheitswissenschaft. Dabei werden die meisten Soziolog:innen den bestehenden »fragmentierten Pluralismus« (so der Call) für ein Problem halten, aber eine »Einheitswissenschaft« auch nicht für die Lösung. Denn würde unser Fach anstreben, eine einheitliche Wissenschaft zu sein, ginge das nur unter Zahlung eines von drei hohen Preisen: entweder den Preis hegemonialer Ausschlussgesten oder Selbstexklusionen (wie wir sie erlebt haben); oder die Beschwörung allerkleinster gemeinsamer Nenner mit zu geringem Distinktionswert gegenüber Nachbarfächern; oder aber die Priorisierung bestimmter Gegenstände und Fragestellungen unter Verzicht auf den Anspruch, die *allgemeine* Wissenschaft des Sozialen zu sein.

Was heißt das nochmal? Es bedeutet einen diskursiven Raum zu gestalten für die Erforschung *aller Teilbereiche* der Gesellschaft, für die es doch auch eigene Sozialwissenschaften gibt; für *alle Ordnungsebenen* von den kleinsten zu den größten Einheiten, obwohl schon dies auf völlig unterschiedliche Methoden verpflichtet; und für eine Mehrzahl anspruchsvoller *Paradigmen*, wo sich andere Fächer auf ein oder zwei beschränken. Die epistemischen Register der Soziologie reichen von der phänomenologisch genauen Beschreibung und der hermeneutischen Fallrekonstruktion über die historisch-genetische und die funktionale Erklärung sowie die mathematisch raffinierte Kausalanalyse bis zur theoretischen Kunst der Vermutung und Begriffsfindung. Das ist die Ambition und der Reichtum der Soziologie. Und ihr Problem. Die allgemeine Wissenschaft des Sozialen zahlt für ihren unbescheidenen Verzicht auf Spezialisierung, für die Größe ihres Geltungsbereichs und den Reichtum ihrer Register mit einem Verlust an disziplinärer Homogenität und Geschlossenheit.

Ich werde im Folgenden vier Fragen an diese Ausgangslage knüpfen: (1) Welche Art von Einheit kann es für die allgemeine Wissenschaft des Sozialen geben? (2) Welche diskursiven Bedingungen braucht *intradisziplinäre* Integration? (3) Welche fachlichen Strukturen lassen sich für welche Sachkonflikte nutzen? (4) Welche organisatorischen Konsequenzen bieten sich an?

1. Welche Art von Einheit kann es für die allgemeine Wissenschaft des Sozialen geben?

Welche Art von Einheit lässt sich in einem so breit aufgestellten und heterogenen Fach wie der Soziologie herstellen? Ich meine, dass sich die Seiten des Konflikts in einer internen Arbeitsteilung des Faches formiert haben, die einerseits an seinen enorm unterschiedlichen Gegenstandsbereichen gewachsen ist, andererseits aber auch auf seine Lage zwischen externen Nachbarn bezogen, von außen nach innen zu verstehen ist. Unser Fach hat starke Verbindungen zur Politik-, Bevölkerungs-, Rechts-, Wirtschafts- und Erziehungswissenschaft, zu den Sprach-, Literatur- und Medienwissenschaften, zu Science Studies und Philosophie und natürlich zur Geschichtswissenschaft und Ethnologie – den beiden Fächern, die auf ähnlich unspezialisierte Weise wie die Soziologie allgemeine Gesellschaftswissenschaften sind: die der vergangenen Gesellschaften, aus der sich die gegenwärtige entwickelt(e) und die der nicht-westlichen Gesellschaften, in Relation zu denen sich die westliche entwickelt(e).[3]

Die interne Selbststrukturierung des Faches macht sich zum einen an seinen *Gegenständen* fest: Mit den speziellen Soziologien (im Schema in Abb. 1 durch die feinen Linien angedeutet) sind es vor allem Felder der funktional differenzierten Gesellschaft, mit Unterscheidungen vom Typ Mikro/Meso/Makro sind es Ordnungsebenen. Zum anderen gibt es Differenzierungen der *Arbeitsweise.* Da ist der Reichtum – oder der Wildwuchs – unserer theoretischen und methodischen *Ansätze*, die als Vielfalt gepriesen oder als »Multiparadigmatase« (Niklas Luhmann) geschmäht werden. Da ist aber auch eine Differenzierung von drei *professionellen Arbeitsfeldern*, die ich als die

3 Neben den genannten Fächern gibt es natürlich auch fernere Nachbarn, die uns themenweise nahe rücken können, zum Beispiel die Architektur und Geografie für den Berliner SFB zur Re-Figuration von Räumen oder die Amerikanistik und Theaterwissenschaft für die Mainzer Verbundinitiative zur Humandifferenzierung.

Disziplinen des Faches verstehen möchte: die theoretische, quantitative und qualitative Grundlagenforschung. Sie bilden eigensinnige Apparate der Erkenntnisproduktion, die selbstkontrollierte Arbeitsformen entwickelt haben.

Abbildung 1: Die Soziologie und ihre Nachbarn[4]

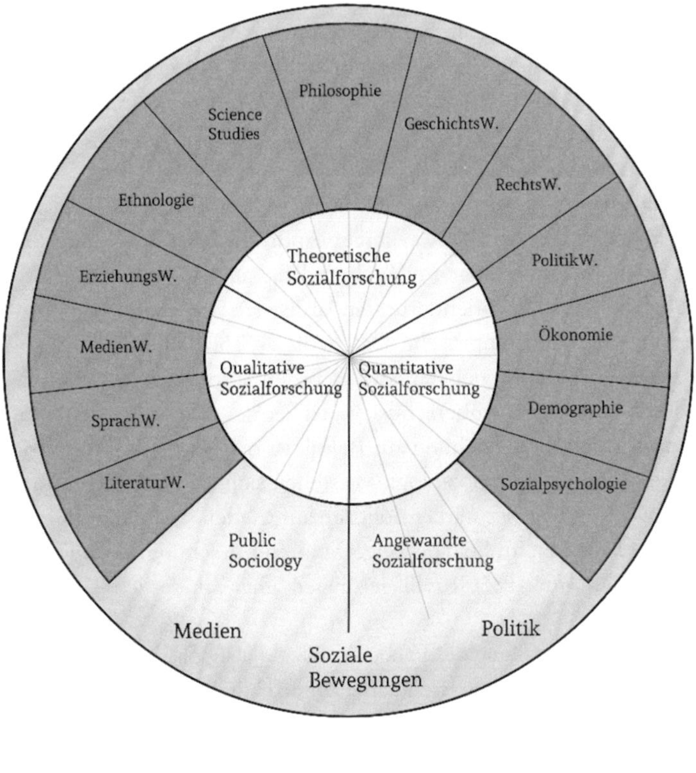

4 Schemata haben die schlechte Eigenschaft schematisch zu sein. Das gilt für die Beschränkung auf etablierte Disziplinen (unter Vernachlässigung von vielen ›Studies‹) und auch für die graphische Darstellung enger oder entfernter Nachbarschaften. Natürlich gibt es Bezüge etwa der quantitativen Forschung zur Erziehungswissenschaft, der qualitativen zur Geschichtswissenschaft, der Theorie zur Literaturwissenschaft. Aber ich denke, die wichtigsten Nachbarschaften finden sich tatsächlich ungefähr wie abgebildet.

Wer eine spezielle Soziologie betreibt, kann alle anderen ignorieren, wer einem Ansatz frönt, darf andere zumindest vernachlässigen. Aber auch wer eine intellektuelle Glaubensgemeinschaft pflegt oder stets den gleichen spezifischen Wirklichkeitsausschnitt bearbeitet, kommt an Bezügen zu den drei Kernbereichen des Faches nicht vorbei, die die Professionalität dieser Passionen sichern. Zu den drei Disziplinen hinzu kommen die zwei Randzonen der angewandten Forschung und der Public Sociology, die verschiedene Kontaktflächen zur Gesellschaft bespielen: vor allem den Austausch mit der Politik (über Beratung und Auftragsforschung), mit den Medien (über soziologische Publizistik) und mit sozialen Bewegungen (durch Mandatierung und Advokation).[5]

Im Kontext ihrer Nachbarfächer ist die Soziologie wegen ihrer Vielschichtigkeit eine enorm integrationsfähige Wissenschaft. Ihre Segmente haben aber ganz verschiedene Wahlverwandtschaften und ›Handelsbilanzen‹ mit ihren jeweiligen Nachbarn: Während die an Ökonomie, Demographie und Sozialpsychologie orientierte standardisierte Forschung von dort Denkstile importiert und empirische Daten oft an staatliche Stellen exportiert, sind andere Segmente viel stärker durch den Import empirischen Wissens und durch einen Exportüberschuss von Theorie- und Methodenkompetenz bestimmt. Auch die Beziehung zur Politik ist mal enger, mal distanzierter.

Große Bereiche der Soziologie verstehen sich als Grundlagenforschung. Die Public Sociology ist stärker politisch aufgeladen. Die quantitative Sozialforschung liegt weit im Feld der angewandten Forschung, wo sie auf Politikberatung zielt, für die Grundlagenfragen eher hinderlich sind (Scheffer 2017).

Die breite Aufstellung des Faches impliziert also, dass seine Segmente *nicht* dieselben Nachbarn haben, sich daher unterschiedlich identifizieren und distinguieren, und dass die enormen Differenzen zwischen seinen Nachbarn im

5 Auch die Public Sociology trägt zur Einheit des Faches bei, da es sich in dem spiegeln kann, was die Öffentlichkeit von ihm wahrnimmt. Michael Burawoys (2015: 28 ff.) Vierertypologie von antagonistisch interdependenten Fachsegmenten – die (in der Fremdbeobachtung) »trendige« Public Sociology, die »dogmatische« kritische Soziologie, die »servile« anwendungsbezogene und die »unbedeutende« professionelle – ist allerdings mit Hilfe einer handlungstheoretischen Unterscheidung von Zweck und Mittel konstruiert, die von vornherein politiknah angelegt ist. Sie hebt die Rolle von öffentlichen Intellektuellen, Sozialphilosophinnen und Auftragsforschern hervor, hat aber keinen rechten Sinn für die Professionalität der professionellen Soziologie.

Rahmen unseres Faches als *interne* Spannungen wirken.[6] Deswegen sind Soziolog:innen füreinander so strapaziös. Und deshalb kommen sie an intellektueller Streitlust nur in dem Maße vorbei, wie sie sich aus der Soziologie zurückziehen. Ein polyzentrisches Fach wie die Soziologie kann seine Einheit nur im Gravitationsfeld seiner spannungsreichen Nachbarschaften haben: als *Intradisziplinarität*, das heißt in Form einer dynamischen Integration, die fachlichen Dissens explizit sucht und aushält.

2. Welche diskursiven Bedingungen braucht intradisziplinäre Integration?

Konflikte sind im Wissenschaftssystem insofern normalisiert, als Kritik der weithin akzeptierte Betriebsmodus der Kommunikation ist. Deshalb arbeitet der Peer Review von Fachzeitschriften mit einer durch Anonymität gesicherten Enthemmung von Kritik und mit der Steigerung von Meinungsverschiedenheit durch Zweitgutachten und Herausgeberkonkurrenz (Hirschauer 2018a). Diese Kritik wird dann lästig, wenn sie das Dissensniveau allmählich steigert: vom Optimierungsvorschlag der fachlich nahen Kollegin über die Intervention des Konkurrenten in den Grundgedanken bis zum ärgerlichen Versuch des Reviewers, die Autorin auf die Seite der Argumentationsgegner zu ziehen. Man kann dieser aufgezwungenen Lernsituation und unbequemen kritischen Beobachtung durch Fachkolleg:innen nur durch kommunikativen Rückzug entgehen: entweder in Sammelbände, mit denen kleine Gemeinschaften ihre Fähnchen in den Diskurs pflanzen, oder in immer stärker spezialisierte Zeitschriften, die kaum noch Leser:innen haben. Ohne fachübergreifende Zeitschriften oder ohne Plenarveranstaltungen auf Kongressen würde ein Mechanismus der Gehörerzwingung fehlen, der dafür sorgt, dass auch grundlegende Kritik zu Ohren von hervorragend geschulter Schwerhörigkeit noch durchdringen kann.

Solche Sachkonflikte wie in der Wissenschaft sind nun, wie Heinz Messmer (2003) vorgeschlagen hat, von Beziehungs- und Machtkonflikten zu unterscheiden. In Beziehungskonflikten stehen Fragen von Schuld und An-

6 So verstärken die Science Studies eine reflexiv-konstruktivistische Haltung der Wissenssoziologie und so verstärkt der konzeptuelle Individualismus der Ökonomie und Sozialpsychologie den der standardisierten Sozialforschung.

erkennung im Vordergrund, in Machtkonflikten das Verhältnis von Ressourcen und Drohungen. Die Frage ist, wie sich ein Konflikttypus auf seinem ureigenen Niveau stabilisieren kann, sodass gesteigerte Sachkonflikte nicht in Beziehungskonflikte kippen, und diese nicht in Machtkonflikte. Betrachtet man den professionspolitischen Streit in unserem Fach aus dieser Perspektive, so besteht ein erster Schritt zur Intradisziplinarität darin, grundlegende Sachkonflikte aus Macht- und Anerkennungskonflikten heraus zu präparieren – also ungehaltene Äußerungen durch noch nicht gehaltene Dialoge zu ersetzen.

Ein gut erkennbares soziales Kommunikationshemmnis war und ist die Kopplung mit dem Machtkonflikt einer verbandspolitischen Konkurrenz. Das vergiftet den Meinungsstreit mit Ressourcenfragen und macht ihn unlösbar. Ferner zeigte sich eine Kopplung von sachlichem Dissens mit Konflikten um Anerkennung. So vernahm man von der einen Seite die Klage von der fehlenden Repräsentation in den Gremien der DGS und das heißt auch von der fehlenden Zustimmung ihrer Wählerschaft. Auf der anderen Seite hat Jörg Strübing an das 70-jährige hegemoniale Anerkennungsgefälle, die »einseitig abwertende Tonalität« (Strübing 2019: 148) zwischen den Methodenparadigmen erinnert.

Was meint Anerkennung? Ein fachlicher Pluralismus in Wissenschaften braucht mehr als ein *ethnischer* Pluralismus in Nationalstaaten. Dieser kann sich im Wesentlichen auf die Tolerierung kulturell anderer Lebensformen beschränken (oft reicht Indifferenz).[7] Fachlicher Pluralismus muss erstens die Sachkritik der Prämissen anderer Ansätze betreiben und sie sich umgekehrt zu Herzen nehmen (sich also einer professionellen Konkurrenz aussetzen). Zweitens muss er auf der Prämisse der wissenschaftlichen Rationalität anderer Ansätze aufbauen, indem er gute soziologische Gründe unterstellt, diesen Gegenstand und jene Fragestellung mit diesem Denkstil und jener Methode zu untersuchen. In der Sozialdimension beruht die prekäre Einheit unseres Faches auf dem stillschweigenden Konsens, eigene Kompetenzgrenzen zu kennen und fremde Kompetenzen anzuerkennen. Insofern beruht die Einheit der Soziologie in erster Linie auf dem Respekt vor den Wissensvorsprüngen anderer Ansätze und darauf, wie viel von der eigenen Ahnungslosigkeit man noch zu bemerken in der Lage ist.

7 Scheffer, Schmidt (2019) sprechen für diese Indifferenz zwischen Paradigmen von »Paralleluniversen«, Nicole Burzan (2019: 33) von eklektischen oder ignoranten Formen der Koexistenz.

Um aber etwas nicht der eigenen Forschungspraxis Entsprechendes als Wissenschaft anerkennen zu können, braucht es bereits eine fachliche Grundkompetenz. Denn natürlich gibt es in allen Fächern im Zuge der unvermeidlichen Spezialisierungen erhebliche Verstehensprobleme. So werden etwa in der Medizin – einer nachbarschaftlich entfernten Humanwissenschaft – die Verstehenschancen durch die Grundausbildung zum Allgemeinmediziner gewährleistet, auf deren Basis Hausärzte zu Fachärzt:innen überweisen; und eine Onkologin oder ein Psychiater würden die allermeisten Krankheiten – zum Wohle ihrer Patienten – nicht selbst behandeln. In der Soziologie haben wir eine solche, Respekt verbürgende, Grundausbildung nicht. Die Fragmentierung der Studiengänge lässt inzwischen an vielen Standorten halbgebildete Spezialist:innen ohne breites Basiswissen entstehen. Damit fehlt eine weitere Voraussetzung für gelingende fachliche Auseinandersetzung: theoretische und methodische *Mehrsprachigkeit*.

Sie wird lokal sehr ungleich gewährleistet. Viele Soziolog:innen *sind theoretisch* mehrsprachig sozialisiert, an einigen Standorten geht es aber recht schmalspurig zu (Lenger, Rieder, Schneickert 2014). *Alle* Soziolog:innen haben eine solide grundständige oder gute quantitative Ausbildung, aber nur eine knappe Hälfte bekommt auch Grundzüge qualitativer Methoden vermittelt (Hirschauer, Völkle 2017). Der sogenannte Methodenstreit in unserem Fach besteht bis heute in unüberwindbaren Verständigungsproblemen Bilingualer mit Monolingualen. Dies war der Hauptgrund für die Gründung einer Sektion für Methoden qualitativer Sozialforschung.

Eine mehrsprachig, also halbwegs pluralistisch gebildete Soziologin könnte etwa sagen: »Ich bin keine Luhmannianerin, aber ich erkenne an (bei aller Kritik), dass Luhmann durch sein Werk Standards für Theoriebildung gesetzt hat. Ich bin kein Ethnomethodologe, aber ich meine, dass die Ethnomethodologie Standards empirischer Akribie gegenüber sozialen Phänomenen gesetzt hat. Ich bin kein quantitativer Sozialforscher, aber ich habe Respekt vor der Kumulativität, der professionellen Arbeitsteiligkeit und kontrollierten Skepsis dieser Forschungsrichtung.« So ist eine kluge Theoretikerin denn auch nicht einfach Luhmannianerin oder Latouristin, sie hat nur vielleicht biografisch entstandene Präferenzen für einen Ansatz, während sie lernoffen andere rezipiert. Und so ist ein versierter Methodiker sicherlich notgedrungen spezialisiert, aber er überschaut das, von dem er wegen seiner Ausbildung nicht viel versteht.

Zu diesen Ausbildungsdefiziten kommt hinzu, dass sich die Paradigmen unseres Faches unterschiedlich zu dessen Pluralismus positionieren. Wie alle

Minderheiten unterstützen ihn die schwächer repräsentierten Ansätze und wünschen sich ihn bisweilen ganz kritik- und kriterienlos. Das Fachsegment, das seit drei Jahren seine organisatorische Verselbständigung betreibt, kritisiert die Pluralität dagegen als »Beliebigkeit« und sortiert sie mit der ambitionierten Unterscheidung von professionell und unprofessionell. Man mag diese Rhetorik als Polemik abtun, sie hat aber zwei systematische Gründe.

Der erste ist ein forschungsorganisatorischer. Eine der Stärken der analytisch-empirischen Soziologie, ihre Kumulativität, beruht auf einer sehr starken internen Arbeitsteilung. Der Sinngehalt numerischer Daten stützt sich auf ständige Vergleiche von Studien; und ganze Forschungsinstrumente werden arbeitsteilig fortentwickelt. Der Preis für diese starke soziale Binnenorientierung des Ansatzes ist, dass die fachliche Arbeitsteilung außerhalb seiner selbst aus dem Blick gerät. Die Steigerung der eigenen Leistungsfähigkeit verengt den Horizont und es entstehen Anschlussprobleme an die gewachsene Vielsprachigkeit des Faches.

Der zweite Grund für die ambitionierte Rhetorik ist, dass sich die analytisch-empirische Soziologie nicht einfach als Paradigma wie andere versteht, sondern als Garant der Wissenschaftlichkeit der Soziologie. Dies hat Gründe in ihrer Präferenz für einen spezifischen Ansatz innerhalb eines Nachbarfaches: der kritisch-rationalen Wissenschaftstheorie in der Philosophie. Die Position, es gebe »für die Soziologie – aller Schattierungen – eine einheitliche, für alle Wissenschaften gültige Methodologie« (Esser 2018a: 133) wirft zwei Probleme auf. In der Sachdimension ist sie durch 40 Jahre empirische Wissenschaftsforschung überholt. Man weiß aus der Forschung über die Praxis, den Technikeinsatz und die Diskursgeschichte von Disziplinen von der großen Vielfalt, mit der sie sich als Wissenschaften professionalisieren.[8] Die analytisch-empirische Soziologie begegnet diesem empirischen Wissen mit einer zunehmend normativen Haltung. Diese Normativität entstammt nicht wie in Teilen der Public Sociology den politischen Commitments zu sozialen Bewegungen, sondern der Rückversicherung im Rahmen einer präskriptiven Philosophie, die Gefahr läuft, sich vom Kritischen Rationalismus

8 Das Postulat einer »einheitlichen Methodologie« für Ökonomie, Theologie, Botanik, Teilchenphysik, Germanistik usw. folgt einem essentialistischen Wissenschaftsbegriff. Auf einen solchen, den Tatsachen zuliebe, zu verzichten, bedeutet nicht, die ›Familienähnlichkeiten‹ von verwandten Praktiken in vielen Fächern zu übersehen, geschweige denn die sozialen Formen des organisierten Skeptizismus (etwa den Peer Review) zu bestreiten, mit denen sich Wissenschaften von anderen gesellschaftlichen Feldern distinguieren.

zu einem selbstunkritischen Rationalismus zu entwickeln. Es ist eine kontrafaktische, nicht nur die Vielfalt des *eigenen* Faches, auch die anderer Wissenschaften verleugnende Doxa. Da steht man dann und kann nicht anders.

Das andere Problem entsteht in der Sozialdimension. Eine Einheit der Soziologie lässt sich nicht herstellen, wenn eines ihrer Paradigmen die Einheit aller Wissenschaft in einer bestimmten Forschungspraxis sucht (anstatt in sozialen Formen). Das positivistische Credo, es gebe nur eine Art, eine Wissenschaft zu sein, beendet jeden fachlichen Dialog durch eine vorausgeschickte Anerkennungsverweigerung. Aus der Vorstellung einer Einheit der Wissenschaft folgt eine konstitutive Toleranzschwäche, ähnlich wie im Monotheismus: Wenn es nur einen Gott gibt – eine Wirklichkeit, eine Wahrheit, eine wissenschaftliche Methode – wie ist dann mit den Angehörigen anderer Religionsgemeinschaften umzugehen? Der Traum von der Einheit der Wissenschaften ist zu einem Sprengsatz für die Einheit der Soziologie geworden.

3. Welche fachlichen Strukturen lassen sich für welche Sachkonflikte nutzen?

Wenn man einmal annimmt, die Diskurshemmnisse ließen sich ausräumen – wie könnte die Soziologie ihre fachlichen Strukturen nutzen, um Sachkonflikte im Sinne gesteigerter Intradisziplinarität zu organisieren? Thomas Scheffer (2017) hat hierzu festgestellt, dass unser Fach mit seinem, dem Gegenstand geschuldeten Pluralismus ein sehr anspruchsvolles Wissensregime geschaffen hat, das dazu zwingt, eine Sache stets in verschiedenen Hinsichten zu vertreten. Wer Mikro sagt, muss auch Makro sagen, wer Struktur sagt, muss auch Kultur im Blick behalten. Die allgemeine Wissenschaft des Sozialen stellt ständig neue Ansprüche und zieht ihre Vertreter:innen immer wieder aus ihren spezialisierten Filterblasen zurück auf kontroverses Terrain.

Aus dieser spannungsreichen Lage lässt sich ein spezifisches Modell der Professionalisierung ableiten. Begreift man Professionalisierung als eine gemeinsame, unabschließbare Daueraufgabe der Ausdifferenzierung der Soziologie aus den Ethnosoziologien der Gesellschaft, so ist festzustellen, dass die Fachsegmente *konkurrierende Projekte* der Professionalisierung verfolgen. Die theoretische, qualitative, quantitative und Public Sociology haben divergierende Vorstellungen von wissenschaftlicher Güte und von Professionalitätsmängeln. Dies liegt auch am Einfluss der als Nachbarn rezipierten Referenzfächer, die als Modellfächer und als Anerkennung spendendes Publikum ihren Einfluss ausüben. Aus der Perspektive dieser nachbarschaftlichen Lagerung versteht man das Fach dann auch insgesamt eher als im engeren Sinn sozialwissenschaftliches oder kulturwissenschaftliches Unternehmen, als sozialphilosophisches oder politisches Projekt. Aus der gegenseitigen Beobachtung der Fachsegmente kann und sollte daher ein allseitiger Professionalisierungsdruck auf die Schwächen der je anderen Segmente folgen: Mängel der Kumulation von Wissen in der qualitativen Forschung, empirische Sterilität in mancher Theoriebildung, ein überpolitisiertes Rollenverständnis und milieuorientiertes Publikationsverhalten in der Public Sociology, theoretische Diversitätsmängel und epistemische Orthodoxie in der analytisch-empirischen Soziologie.

Zu den ungehaltenen Dialogen, in denen dieser wechselseitige Professionalisierungsdruck sich entfalten müsste, gehört die Frage der Gütekriterien. Wo die analytisch-empirische Soziologie *methodisch kontrollierte, theoretisch präzise* Forschung sucht (AS 2019), wird in der qualitativen Forschung *methodisch feinsinnige und erfindungsreiche* Forschung prämiert, in der soziologischen Theoriebildung eher *fantasievolles und horizonterweiterndes* Denken. Auch vergeben die Disziplinen das Mandat an die Ausübung von Kontrolle epistemologisch gegenläufig: Der *methodischen* Kontrolliertheit der quantitativen Forschung würde die Theoriebildung die Frage nach ihrer *theoretischen* Führung entgegenhalten, während sich die qualitative Forschung mit ihrem Gütekriterium der Gegenstandsangemessenheit primär als *empirisch* kontrolliert versteht.[9] Erst wenn man Gütekriterien der Forschung aus engen messtheoretischen Relevanzen löst (vgl. Strübing et al. 2018) und mit Standards anderer Fachsegmente vergleicht, wird man sehen können, wie breit angelegt fachuniversell gedachte Gütekriterien sein müssten.

---

9 Grundsätzlich kann auch die Public Sociology an dieser fachinternen Konkurrenz um Professionalität teilnehmen, indem sie etwa der analytisch-empirischen Soziologie ihre literarischen Defizite und mangelnde Öffentlichkeitswirkung vorhält. Aber was sind dann ihre eigenen Gütekriterien? Was genau unterscheidet etwa die bekenntnishafte moralische Pose, in der sich jemand unter Nutzung eines akademischen Titels als Bürgerin engagiert, von einer skeptischen, soziologisch fundierten Position in der öffentlichen Debatte? Was genau differenziert die mediengängige knallige These, die zu schnell (womöglich schlampig) geschrieben ist, von einem klugen zeitdiagnostischen Beitrag? Was ist eine gelungene Form von Wissenschaftskommunikation, die der Soziologie öffentlich Gehör verschafft, was nur politisierende und ethisierende Gesinnungspublizistik?

Worüber wird noch zu reden sein? Ich meine, es sind tatsächlich in erster Linie Fragen der Epistemologie: das Theorie/Empirie-Verhältnis, der Methoden- und Datenbegriff. Aber auch ein Austausch über divergierende Fragestellungen und Forschungsziele tut Not. Dabei werden unsere ungehaltenen Dialoge die Bezugspunkte, Relevanzen und Routinen einzelner Fachsegmente nicht länger routiniert voraussetzen können, sie müssen sie zum Thema machen. Wenn dies gelingt, dürfte es die Konfliktlinien so verschieben, dass das tradierte Selbstverständnis der Parteien nicht länger aufrechterhalten werden kann. Betrachten wir hierfür exemplarisch die epistemologische Spaltung, die die Reflexionstheorien des Realismus und Konstruktivismus, die in der Forschungspraxis wenig hilfreich sind, zu Kampfbegriffen verunstaltet hat.

Zu den positivistischen Missverständnissen der Science Studies (in den sogenannten *Science Wars*) gehört, dass diese mit der sozialen Kontingenz wissenschaftlicher Tatsachen auch deren Arbitrarität behauptet hätten. Aber nirgends wird klarer gesehen als in den Science Studies, dass die Wissenschaft eines der leistungsfähigsten Felder der Gesellschaft ist, untauglich sind nur die meisten philosophischen Beschreibungen dieser Leistungsfähigkeit: Wissenschaftler folgen – wie die empirische Forschung unserer historischen und anthropologischen Nachbarn gezeigt hat – nicht einem hehren Ideal der Wissenschaftlichkeit, sondern einer Vielzahl hochprofessioneller Praktiken der Realitätsdurchdringung mit je eigener Stringenz.[10]

Zur Durchkreuzung der Kampfbegriffe seien daher einmal drei Vorschläge gemacht und damit einer der Dialoge eröffnet: Erstens bietet es sich meines Erachtens an, zwei Realismen zu unterscheiden: den Primärrealismus der analytisch-empirischen Soziologie vom Sekundärrealismus der Wissenssoziologie. Eine Primärrealistin fasst das Alltagswissen in Durkheimscher Manier als subjektiv verzerrtes, vorurteilsbeladenes Wissen auf, das durch soziologisches Wissen über die wirklichen Tatbestände zu überwinden ist. Ein Sekundärrealist nimmt sich gesellschaftliche Wissensordnungen dagegen zum Gegenstand, um das Handeln der Leute im Rahmen der von ihnen unterstellten Wirklichkeiten zu verstehen. Dabei muss man zwangsläufig mit Wirklichkeit im Plural rechnen: die der unterschiedlichen Teilsysteme – der Medien, der Politik, der Familien etc. – und die der unterschiedlichen Sinnschichten – der kognitiven Einstellungen und Annahmen, der

10 Insofern ist Oliver Römer (2019) zuzustimmen, dass es einer Wissenschaftstheorie der Soziologie bedarf, nur müsste sie eben auf Basis einer soziologischen Wissenschaftstheorie und soziologischer Wissenschaftsforschung entstehen.

Diskurse und sozialen Strukturen, der Verhaltensweisen und Praktiken oder der technischen Infrastrukturen. Sekundärrealisten beanspruchen nicht, objektiv zu sein, sondern jene kulturellen Kategorien, Muster und stillen Prämissen zu objektivieren, also zu vergegenständlichen, die objektive Sozialforscher:innen voraussetzen und zielstrebig in Gebrauch nehmen.

Dabei gibt es zweitens auf der Ebene der Wertorientierung der Forschung klare Konvergenzen. Wirklichkeit, das ist für beide Seiten zunächst der Stoff, aus dem wir unsere Daten präparieren, und alle Wissenschaft bemüht sich darum, eine möglichst intersubjektiv teilbare Version dieses Stoffes zu schaffen. Sogenannte Realisten gehen davon aus, dass es die eine Wirklichkeit schon gibt, und dass die Wissenschaft mit der Evidenz ihrer Daten und der Autorität ihrer Methoden öffentlich sagen soll, was der Fall ist. Sogenannte Konstruktivisten meinen, dass die eine Wirklichkeit gegen die multiplen Realitätsentwürfe in der Gesellschaft erst zu gewinnen ist, und dass die Stimme der Wissenschaft um Zustimmung zu werben hat. Sie sagt nicht einfach, was der Fall ist, sondern welche guten Gründe sie hat, eher dieses als jenes für möglich zu halten. Aber für beide Seiten bleibt die eine Wirklichkeit eine konstitutive Fiktion: Für die einen gibt es sie schon wie ein höheres Wesen am *Anfang* unserer wissenschaftlichen Schöpfungen, für die anderen entsteht sie eher als mögliches *Ergebnis* dieser Schöpfungen.

Drittens kann man solche Konvergenzen wahrscheinlich erst sehen, wenn man die Autostereotypen durchkreuzt, die sich einstellen, wenn Selbstbeschreibungen, in der Polarisierung von Konfliktparteien überspitzt und von Selbstkritik bereinigt, zu epistemologischen Lebenslügen werden. Eine mögliche Lockerungsübung läge darin, einmal die Präferenzen der Gegenseite auszuprobieren und die Vokabularien zu übersetzen: So liegt der Tradition des ethnografischen Naturalismus eine durch und durch realistische Epistemologie zugrunde, die nur noch übertroffen wird vom Bemühen der Interaktionsforschung mittels Audio- und Videoaufzeichnungen ein datenförmiges Duplikat eines Realitätsausschnittes herzustellen. Umgekehrt beruht die Leistungsfähigkeit der analytisch-empirischen Forschung (genau wie die der Laborwissenschaften) sicher nicht auf Realitätsnähe, sondern auf der Maximierung von Artifizialität: der analytischen Aufspaltung komplex verwobener Phänomene in Aspekte und Faktoren und ihre Umsetzung in technische Operationen. Die Stärke dieser Forschung liegt in ihrer geradezu ingenieurwissenschaftlichen Konstruktivität. Ihre modelltheoretischen Annahmen und ihr operatives Vorgehen formatieren die Wirklichkeit mithilfe der ›zuhandenen‹ kulturellen Kategorien zu simulationsfähigen Prozessen.

Der härteste Realismus in der Datenproduktion findet sich so gesehen in der sozialkonstruktivistischen Forschung, die radikalste Konstruktivität in der sogenannten »Realwissenschaft« (AS 2019) der analytisch-empirischen Soziologie.

Auch in anderen Hinsichten dürften die anstehenden Sachkonflikte eine Überarbeitung liebgewordener Selbstbeschreibungen erfordern. So drängen Nina Baur und Hubert Knoblauch (2018) mit Recht darauf, dass sich die standardisierte Forschung viel stärker als interpretative Forschung würdigt und kontrolliert. Aber auch das Selbstverständnis der Ethnografie, die sich stets als methodologischen Situationismus begriff, ist bei Licht betrachtet nicht haltbar. Sie beruht auf einem *theoretischen* Situationismus, methodisch geht keine Forschungsstrategie individualistischer vor als eine Feldforschung mit der Grundidee, sich selbst sozialen Situationen auszusetzen. Umgekehrt ist das Label »methodologischer Individualismus« auch nicht viel mehr als eine alte Sprechgewohnheit. Denn diese Forschung arbeitet vor allem mit einem *theoretischen* Individualismus. Methodisch rekurriert sie zwar auf individualisierte Forschungsobjekte, auf Seiten des Forschungssubjekts findet sich aber ein ausgeprägter *methodologischer Instrumentalismus* von Formeln und Formularen.

Macht man sich klar, wie grundverschieden der Begriff des Empirischen in den Paradigmen der empirischen Sozialforschung ist, wie erfahrungsfern und abstrakt auf der einen Seite, wie erfahrungsnah und konkret auf der anderen, scheint mir die unscheinbare Umbenennung der »empirisch-analytischen« Soziologie[11] in die »analytisch-empirische« ganz folgerichtig. Sie lädt dazu ein, die drei Disziplinen des Faches neu zu benennen und ihre Arbeitsteilung neu zu bestimmen. Dabei scheint es mir sinnvoll, auch die Theoriebildung als theoretische Sozialforschung zu fassen, denn auch die Entwicklung begrifflicher Sprachspiele verfügt über eine Praxis (Luhmann 1970; Abbott 2004) mit implizierter Methodizität, über die sie auskunftsfähig sein sollte. Die qualitative Sozialforschung ist am besten als *empirisch-explorative* Forschung bezeichnet. Denn sie ist in erster Linie und emphatisch empirische Sozialforschung. Explorativ trifft darüber hinaus zwei weitere ihrer Charakteristika: die Offenheit des Forschungsdesigns und die Prämierung des Neuen, also von Originalität und Innovation.[12]

---

11 So waren die »Grundsätze« der AS in den ersten zwei Jahren betitelt.

12 Zwei Einwände seien antizipiert: 1. Manche werden anstelle von »explorativ« eine Präferenz für »interpretativ« haben, aber mir scheint dieses Label, nachdem es in der qualitati-

Abbildung 2: Die Disziplinen der Soziologie

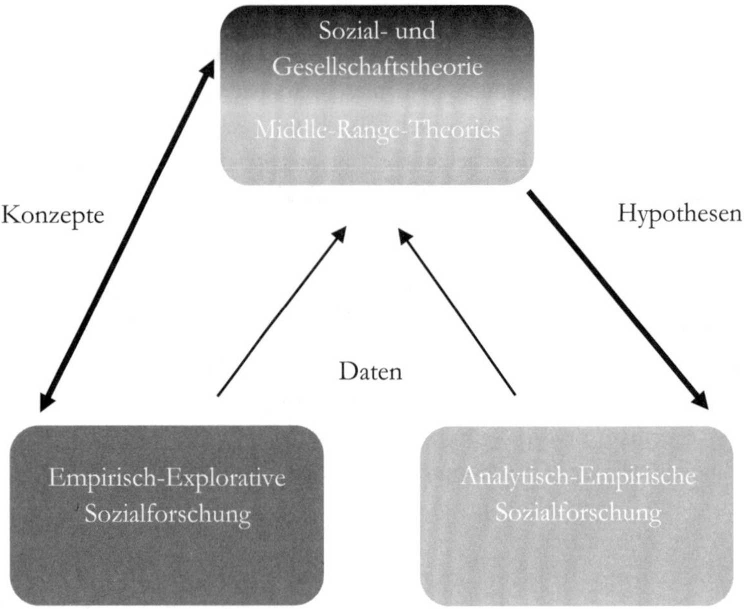

In der Arbeitsteilung der drei Disziplinen sollte in einem Fach, dessen Segmente sich wechselseitig professionalisieren, empirische Forschung primär dazu da sein, die Theoriebildung voranzubringen, theoretische Forschung primär dazu da sein, die Empiriebildung voranzubringen (Hirschauer 2008).

In dieser wechselseitigen Bedingtheit überprüft die analytisch-empirische Sozialforschung *Hypothesen* aus *Middle-Range-Theories* und kumuliert so empirisches Wissen. Die empirisch-explorative Sozialforschung beliefert einen

ven Sozialforschung in den letzten Jahren wiederholt auch zur Schließung einer hermeneutisch fundierten Schule gebraucht wurde (etwa zur Abgrenzung von der Konversationsanalyse), nicht mehr inklusiv genug zu sein. 2. »Explorativ« wurde aus positivistischer Sicht lange als protowissenschaftliche Testphase der Forschung verniedlicht, aber zum einen können »explorativ‹ im Sinne dieser Vorstufigkeit natürlich auch standardisierte Studien sein, die indizieren, wo sich Tiefenbohrungen überhaupt lohnen; zum anderen sollte die Valenz solcher Attribute nicht länger von Ansätzen dekretiert werden, deren Wissenschaftsverständnis auch das Attribut »kreativ« tatsächlich nur mehr als Schimpfvokabel aufzufassen vermag (Esser 2018b: 251 ff.).

anderen Teil des Zusammenhangs, indem sie *Konzepte* entwickelt – als Situationsanalyse für die Sozialtheorie, als historische Forschung für die Gesellschaftstheorie. Es sind also unterschiedliche Segmente theoretischer Forschung, an denen sich die Paradigmen empirischer Forschung orientieren und es sind unterschiedliche Zeitpunkte eines Theorie/Empirie-Zyklus, an denen sie ihre Einsatzpunkte haben. *Ein* Problem haben alle drei Disziplinen gemeinsam: Vergleichbarkeit herzustellen. Die analytisch-empirische Sozialforschung erzwingt sie schon in der Standardisierung der Datenerhebung, die empirisch-explorative sucht sie in der Datenanalyse ihrer Fälle auf Ebene der Konzepte, und die Funktion von Theorie kann man insgesamt, noch bevor man Theorievergleiche anstellt, darin sehen, Unvergleichbares vergleichbar zu machen (Luhmann 1997: 42).

4. Welche organisatorischen Konsequenzen bieten sich an?

Ich habe in diesem Beitrag versucht, den professionspolitischen Konflikt in der deutschen Soziologie der letzten Jahre zu rekonstruieren. Der von mir verwendete Begriff von Disziplin war dabei bewusst deviant. Er versuchte, die Frage nach der Einheit der Soziologie als Wissenschaft so zu beantworten: Die Soziologie sollte als Fach, das heißt als professionelle Einheit und selbständiges Lehrgebiet an Universitäten, nur *eine* Wissenschaft sein. Als Disziplin ist sie keine Unität. Sie verfügt vielmehr über mehrere Disziplinen und sollte dies als ihre Stärke sehen. Ich habe den innerfachlichen Austausch von Fachsegmenten daher als Intradisziplinarität verstanden, ein Kommunikationsmodus, der von deren Lagerung im Feld der Nachbarfächer bestimmt wird, mit denen man Relevanzen, Themen, Denkstile teilt und von denen erhebliche Zug- und Fliehkräfte ausgehen: etwa als Modellfächer, die Lernchancen bieten, Reputationsriesen, die starke Finanzpartnerschaften sichern, als Publikum, das Anerkennung spendet. Damit die Soziologie ein lebendiger Umschlagplatz und ein Ideenmarkt zwischen diesen Nachbarschaften bleiben kann, empfiehlt es sich, den Professionskonflikt angemessen zu verstehen und Sachkonflikte zu pflegen. Denn erst, wenn man auf die Unterstellung einer gegebenen Wissenschaft verzichtet und akzeptiert, wie weit Fachsegmente auseinanderliegen, wird die Tiefe ihres Dissenses plausibel und bearbeitbar.

Eine Fehlwahrnehmung ist, dass es sich nur um einen ›Methodenstreit‹ handle. Dies ist eine erhebliche sachliche Verkürzung, da der Methodendualismus auch Dissense über relevante Fragestellungen sowie epistemologische und theoretische Sachkonflikte umfasst (Hirschauer 2018b).[13] Diese Fehlwahrnehmung hat aber Gründe in den Erwartungsstrukturen des Faches. Vor dem Hintergrund der unvermeidlichen Fragmentierung in spezielle Soziologien, mit denen unser Fach seine weit gespannten Gegenstände zu fassen versucht, lagen immer schon große Einheitserwartungen auf der Allgemeinen Soziologie. Nachdem die Theoriebildung diese Erwartung nach dem Strukturfunktionalismus erfolgreich abgewiesen hat, wurden die Einheitserwartungen auf die Methoden projiziert. Unser Fach hat sich die tiefsten theoretischen Zerwürfnisse in der stillen Hoffnung geleistet, wenigstens ›die Regeln der soziologischen Methode‹ blieben davon unberührt. Es ist wie zu Weihnachten: Genau hier musste es krachen, weil es hier so friedlich bleiben sollte.

Die größten Differenzen gibt es aber nicht zwischen den ›Methodenlagern‹, sondern zwischen der Soziologie, die das Wissen ausschließlich als ein Gut betrachtet, das die Wissenschaft in hoher Qualität für die gesellschaftliche Nachfrage produziert; und derjenigen Soziologie, die das Wissen (das eigene eingeschlossen) auch als ihren *Gegenstand* versteht. Das gilt nicht nur für die qualitative Sozialforschung, es gilt generell für die Wissens- und Kultursoziologie sowie für andere Kulturwissenschaften. Sind diese Perspektiven unvereinbar? Ich meine: nein.[14] Zu ihrer Vermittlung braucht es aber neben den in diesem Beitrag genannten Randbedingungen auch strukturelle Konsequenzen in der deutschen Soziologie.

Die DGS hat in ihrer Stellungnahme zur Gründung der AS mit Recht die Pluralität unseres Faches wertgeschätzt und reklamiert. Dies ist aber nicht einfach eine Pluralität von Paradigmen – Forschungsansätzen, die ihre Stärken und kritikwürdigen Schwächen und ihre historisch begrenzte Zeit

---

13 Ginge es nur um Methoden, wäre die Sache recht harmonisch. Die Rede von *Mixed Methods* bezieht sich darauf, dass der mit ihr vorausgesetzte Dualismus natürlich auch eine kleine hybride Schnittmenge von Studien zu Fragestellungen schafft, die nach einer doppelten Methodenkompetenz verlangen; in denen es sich also lohnt, gemeinsame Sache zu machen und Denkstile zu kombinieren.

14 Jedenfalls im Rahmen der DGS. Im Rahmen der sogenannten »Akademie« gelingt der Integrationsversuch des wissenssoziologischen Basistheorems von der sozialen Konstruktion der Wirklichkeit in die renovierten »Grundsätze« (AS 2019) nur auf Kosten offener Widersprüche zum proklamierten Wissenschaftsverständnis, also seltsam unanalytisch, unpräzise und unklar, nämlich unter Verkürzung des Begriffs der Konstruktion auf die Perspektivität von Subjekten (Nassehi 2018: 300).

haben – es ist vielmehr eine begrenzte Zahl von Disziplinen, ohne die die Soziologie nicht vorstellbar wäre. Daraus müssen Konsequenzen für den Stellenzuschnitt an Instituten und die Ausbildung in Allgemeiner Soziologie (in Theorien und Methoden) folgen, für die die DGS nur Empfehlungen zur Mehrsprachigkeit geben kann. Das gleiche gilt für eine pluralistische Besetzung der Herausgeberschaft von Fachzeitschriften, die sich nicht einfach explizit als Foren der Paradigmenpflege verstehen (wie der *Soziale Sinn* oder die *Sozialen Systeme*) oder implizit als solche fortwirken (wie die *KZfSS*), sondern die tatsächlich als fachuniversale Zeitschriften gelten wollen.

Für die DGS selbst scheint mir jenseits der Pluralität der Ansätze die kontinuierliche Repräsentanz der drei Disziplinen in den Gremien (Vorstand und Konzil) eine unverzichtbare Bedingung. Aber auch in der Gestaltung von DGS-Kongressen gibt es mehr Möglichkeiten, der Proklamation von Pluralität wirksame Maßnahmen folgen zu lassen. So sollten Kongressplena schon im Call durch eine Distribution der Autorenschaft auf plurale Besetzung angelegt sein und durch entsprechende Auswahl oder auch Anwerbung von Beiträgen umgesetzt werden. Auch sollte zur Vorbeugung gegen die Desintegration in spezielle Soziologien die Begegnung ihrer Milieus in Kooperationsveranstaltungen von Sektionen auf DGS-Kongressen nicht als Ausnahme, sondern eher als Regelfall verstanden werden. Pierre Bourdieu (2001: 272) hatte schon Recht, dass ein Gutteil der soziologischen Objektdefinitionen der bürokratischen Aufteilung auf Ministerien entspricht. Aber die soziale Welt ist nicht sektionsförmig.[15]

Unter solchen diskursiven Bedingungen scheint es mir wahrscheinlicher, dass die Soziologie als Allgemeine Wissenschaft des Sozialen überzeugt; dass ihre Sachkonflikte auch über Schulengrenzen hinweg kollegiale Auseinandersetzungen sind, in denen ein neugieriger Respekt und eine unsichere Ahnung, dass man von der anderen Seite auch etwas lernen könnte, den Ton angeben. Unsere ungehaltenen Dialoge dürften sich jedenfalls lohnen, weil jede Seite sich sonst auch selbst nicht gut versteht.

---

15 Natürlich bearbeiten die Sektionen der DGS nicht alle spezielle Soziologien. Zwar behandeln die meisten partikulare, gegenstandsbezogene Themen, aber es gibt auch vier Sektionen mit hoher Methodenkompetenz (darunter die Sektion Modellbildung und Simulation sowie Biografieforschung) und mindestens drei, die sich explizit als Teil der Allgemeinen Soziologie verstehen (Soziologische Theorie, Wissenssoziologie und Kultursoziologie). Die Sektionen haben also unterschiedliches Integrationspotenzial für das Fach.

Literatur

Abbott, A. 2004: Methods of Discovery: Heuristics for the Social Sciences. New York: Norton.

AS (Akademie für Soziologie) 2019: »Grundsätze der empirisch-analytischen Soziologie«. http://akademie-soziologie.de/akademie/grundsaetze, letzter Aufruf 15. September 2020.

Baur, N., Knoblauch, H. 2018: Die Interpretativität des Quantitativen. SOZIOLOGIE, 47. Jg., Heft 4, 439–461.

Bourdieu, P. 2001: Meditationen. Zur Kritik der scholastischen Vernunft. Frankfurt am Main: Suhrkamp.

Burawoy, M. 2015: Public Sociology. Öffentliche Soziologie gegen Marktfundamentalismus und globale Ungleichheit. Weinheim: Beltz.

Burzan, N. 2019: Über eine multiparadigmatische Soziologie. SOZIOLOGIE, 48. Jg., Heft 1, 28–36.

Esser, H. 2018a: Zwei Seelen wohnen, ach! in meiner Brust? Nicht nur eine »Stellungnahme« aus »gegebenem Anlass«. Zeitschrift für Theoretische Soziologie, 7. Jg., Heft 1, 132–152.

Esser, H. 2018b: Engführung? Ergänzungen zu einem unerledigten Fall. Zeitschrift für Theoretische Soziologie, 7. Jg., Heft 2, 251–273.

Hirschauer, S. 2008: Die Empiriegeladenheit von Theorien und der Erfindungsreichtum der Praxis. In H. Kalthoff, S. Hirschauer, G. Lindemann (Hg.) Theoretische Empirie. Zur Relevanz qualitativer Forschung. Frankfurt am Main: Suhrkamp, 169–187.

Hirschauer, S. 2018a: Urteilen unter Beobachtung. Performative Publizität im Peer Review. In S. Nicolae, M. Endreß, O. Berli, D. Bischur (Hg.), (Be)Werten. Beiträge zur sozialen Konstruktion von Wertigkeit. Wiesbaden: Springer VS, 275–298.

Hirschauer, S. 2018b: Der Quexit. Das Mannemer Milieu im Abseits der Soziologie. Zeitschrift für theoretische Soziologie, 7. Jg., Heft 1, 153–167.

Hirschauer, S., Völkle, L. 2017: Denn sie wissen nicht, was sie lehren. »Empirische Sozialforschung« als Etikettenschwindel. SOZIOLOGIE, 46. Jg., Heft 4, 417–428.

Kitzing, M. 2020: Wissenschaftliche Grenzziehungen im Modus des Konfliktes – ein Beitrag zur soziologischen Perspektivierung eines fachinternen Disputs. Masterarbeit an der Johannes-Gutenberg-Universität Mainz (Betr.: S. Dickel). Unveröff. Manuskript.

Lenger, A., Rieder, T., Schneickert, C. 2014: Theoriepräferenzen von Soziologiestudierenden. Welche Autor*innen Soziologiestudierende tatsächlich lesen. SOZIOLOGIE, 43. Jg., Heft 4, 450-467.

Luhmann, N., 1970: Die Praxis der Theorie. In N. Luhmann, Soziologische Aufklärung. Bd. 1. Opladen: Westdeutscher Verlag, 253–267.

Luhmann, N. 1997: Die Gesellschaft der Gesellschaft. Frankfurt am Main: Suhrkamp.

Messmer, H. 2003: Der soziale Konflikt. Kommunikative Emergenz und systemische Reproduktion. Stuttgart: Lucius & Lucius.

Nassehi, A., 2018: Über Beziehungen, Elefanten und Dritte. SOZIOLOGIE, 47. Jg., Heft 3, 292–301.

Römer, O. 2019: Wissenschaftslogik und Widerspruch. Die Esser-Hirschauer-Kontroverse. Soziologiehistorische und systematische Überlegungen zu einem »Methodenstreit«. Zeitschrift für Theoretische Soziologie, 8. Jg., Heft 2, 220–242.

Scheffer, T. 2017: »Für eine multiparadigmatische Soziologie in Forschung und Lehre«. Interview im SoziologieMagazin, 16. Jg., Heft 2. https://soziologieblog.hypotheses.org/10920, letzter Aufruf 16. November 2020.

Scheffer, T., Schmidt, R. 2019: Für eine multiparadigmatische Soziologie in Zeiten existenzieller Probleme. SOZIOLOGIE, 48. Jg., Heft 2, 153–173.

Strübing, J. 2019: Soziologie in kriegerischen Zeiten. SOZIOLOGIE, 48. Jg., Heft 2, 143–152.

Strübing, J., Hirschauer, S., Ayaß, R., Scheffer, T., Krähnke, U. 2018: Gütekriterien qualitativer Sozialforschung. Ein Diskussionsanstoß. Zeitschrift für Soziologie, 47. Jg., Heft 2, 83–100.

Soziologie, 50. Jg., Heft 1, 2021, S. 66–76

Im Westen noch immer nichts Neues

»Soziologie des Kolonialismus« oder »postkoloniale Soziologie«?

Markus Holzinger

1 Einleitung und Fragestellung

In einem kürzlich in der SOZIOLOGIE veröffentlichten Text nimmt Marius Meinhof (2020) auf einen von mir zur Diskussion gestellten Aufsatz Bezug (Holzinger 2019). Dieser war aus Anlass der E-Mail-Debatte zwischen Manuela Boatcă, Sina Farzin und Julian Go als Replik publiziert worden, in der es um die Relevanz einiger neuerer Thesen zum Thema »postkolonialer Turn« in der Soziologie ging (Boatcă, Farzin, Go 2018). In diesem Text bezweifelte ich, dass die bisherigen, insbesondere von Julian Go oder Gurminder Bhambra vorgelegten Texte (siehe etwa Bhambra 2014; 2016a; 2016b; 2019; Go 2013; 2016; 2017), die Rede von einem sogenannten *neuen* »›post-colonial‹ turn« (Boatcă, Farzin, Go 2018: 423) rechtfertigen würden. Viele Schlagwörter, die zum Beispiel Bhambra und Go im Munde führen – wie *connected histories*, *Eurocentred histories*, *geopolitical hierarchies*, Soziologie als *imperial episteme*, *colonial modern as the central concept of our discipline* – seien, so meine These, alles andere als neu, sondern seien Grundbestandteile des postkolonialen Diskurses schon seit Jahrzehnten. Damit schloss ich mich implizit Manuela Boatcăs Urteil an, die sagte: »I therefore tend to be rather skeptical of self-proclaimed ›twists and turns‹ and ›paradigmatic shifts‹ in sociology.« (Boatcă, Farzin, Go 2018: 426). Meinhof fühlt sich nun aufgerufen, meinen Thesen zu widersprechen. Ich bin jedoch der Meinung, dass Meinhofs Kritik an den wesentlichen Kerngehalten meines Textes vorbeizielt. Er geht an wichtigen Schlüsselstellen auf Details nicht ein und wechselt lieber das Thema.

2 Ergibt die Unterscheidung zwischen »Soziologie der Kolonialisierung« und »postkolonialer Soziologie« einen Sinn?

Marius Meinhof glaubt, in meinem Text ein Missverständnis identifiziert zu haben. Dieses Missverständnis und meine angeblich falsche Argumentation möchte Meinhof in seiner Replik widerlegen: »Im Folgenden möchte ich Holzingers Kritik widerlegen, indem ich einige postkoloniale Anliegen pointiert darstelle und zeige, dass Holzinger kaum auf diese eingeht.« (Meinhof 2020: 410). Widerlegen kann man freilich nur dann etwas, wenn man einem Argument nachweisen kann, dass etwas nicht zutrifft. Meinhof bleibt aber m.E. einen solchen Nachweis schuldig.

Wenn Meinhof etwas zum Kontext der Debatte hätte beitragen wollen, wäre die Erwartung an ihn gewesen, dass er die Frage klärt, was es denn nun wirklich so Neues am »neuen« Postkolonialismus im Verhältnis zu den Klassikern postkolonialer Theorie zu entdecken gibt. Wo liegen die *Differenzen* zum alten, längst bekannten »Postkolonialismus« der 1980er Jahre und den Thesen à la Go und Bhambra? Das war ja meine Ausgangsfrage in dem von Meinhof zitierten Text gewesen. Die »Neuheit postkolonialen Denkens« (ebd.: 412) als diskursive Erscheinung der 1980er Jahre wurde indes von mir überhaupt nicht in Frage gestellt. Auch von einer, wie Meinhof mir unterstellt, »Kritik am Projekt einer postkolonialen Soziologie« (ebd.: 418) kann überhaupt nicht gesprochen werden. Ich zolle gerade Klassikern postkolonialer Theorie meinen Respekt, weil sie sehr früh auf das Thema Kolonialismus hingewiesen haben.

Statt meine Ausgangsfrage zu beantworten, führt Meinhof eine neue Differenz ein. So wirft er meiner erklärtermaßen synoptischen Darstellung des Themas »Imperial- und Kolonialismusforschung« vor, dass diese »den Unterschied zwischen Kolonialismusforschung und den Anliegen des Postkolonialismus« (ebd.: 411) vernachlässigen würde. Man müsse zwischen einer »Soziologie des Kolonialismus« und der »postkolonialen Soziologie« unterscheiden. »Genau diese Abgrenzung fehlt allerdings in Holzingers Text.« (ebd.: 412) Dieses Spezifikum war aber mitnichten Thema meines Aufsatzes bzw. der E-Mail Debatte insgesamt gewesen. Stattdessen wurde insgeheim bei allen mitdiskutierenden Autor*innen implizit vorausgesetzt, wie es Julian Go formuliert, »that there are many shared perspectives among seemingly diverse schools of thought«. »I do think there is a sort of ›turn‹«, schreibt Go weiter, »but it is open-ended and disparate, with different labels (›postcolonial‹, ›decolonial‹, ›southern‹) and different approaches« (Boatcă,

Farzin, Go 2018: 423). Es dürfte auch schwerfallen, absolute Präzision in einem Feld zu verlangen, bei dem selbst Profis der Kolonialisierungsforschung zugestehen müssen, dass die Experten von Einvernehmen über diese Debatten »weit entfernt« seien (Osterhammel 2009: 7).

Aber nehmen wir einmal an, diese Unterscheidung macht wirklich Sinn! Welchen Beitrag kann Meinhof mit der Einführung dieser Differenzierung an neuen Erkenntnissen für sich selbst verbuchen? Ich bin der Meinung, dass sich Meinhofs Unterscheidung von postkolonialer Soziologie und Soziologie des Kolonialismus ein fundamentales Problem einhandelt. Stellt man nur einige wenige disziplinenübergreifende Vergleiche in der Kolonialisierungsforschung an, schleicht sich der Verdacht ein, dass Meinhof die Ansprüche, die er an die von ihm getroffene Unterscheidung erhebt, nicht erfüllen kann. Seine Ankündigungen und Ausführungen fallen auseinander.

Erstens: Meinhofs problematischer Zugang zum Thema Kolonialisierungsforschung beginnt bereits damit, dass er eine integrative Gesamtformel bzw. eine klare Definition für seine Unterscheidung zwischen Soziologie des Kolonialismus und den Anliegen der postkolonialen Soziologie selbst schuldig bleibt.[1] Mit welchen besonderen Methoden und welchen spezifischen Forschungsstrategien die sogenannte »postkoloniale Soziologie« im Sinne eines Unterscheidungskriteriums zu anderen Themenfeldern operiert, ist unklar und wird auch aus seinem Text nicht deutlich. Ebenso wenig erfährt man etwas über die Frage, welche Spezifika, welche Autor*innen und welche disziplinären Perspektiven er welcher Seite seiner Unterscheidung zuordnet. Seine Differenzierung suggeriert mithin eine saubere Trennbarkeit der Diskurse innerhalb des eigenen und auch anderer Disziplinen, auf einem Terrain, auf dem in Wahrheit Themen abgehandelt werden, »welche die Grenzen der Disziplinen Literaturwissenschaft, Ethnologie und Geschichte immer wieder überschreite[n].« (Cooper 2012: 19)[2] Nicht ohne Ironie liest man stattdessen, dass sich auch Meinhof (2020: 411) in diesem Forschungsfeld

1 Ähnlich vage bleiben übrigens auch andere Definitionen, die in diesem Feld geliefert werden. Julian Go (2013: 29) definiert eine postkoloniale Soziologie »as a loosely coherent body of writing and thought that critiques and aims to transcend the structures supportive of Western colonialism and its legacies«. Dahinter können sich aber heterogene Forschungsfelder und Disziplinen verbergen.

2 Stuart Hall und Shalini Randeria beispielsweise sind Soziolog*innen, Edward Said, Gayatri Chakravorty Spivak und Homi Bhabha hingegen sind Literaturwissenschaftler*innen. Sebastian Conrad und Dipesh Chakrabarty sind Historiker. John L. Comaroff ist Professor für Afrikanistik.

mit eher »schwammigen Grenzen« konfrontiert sieht, in denen seine terminologischen Vorschläge nur als Oberbegriffe für die verstreuten und kaum endgültig sortierbaren Begriffe herhalten müssen. Man würde hier auf unterschiedliche Theorietraditionen treffen »die kaum gemeinsame Begriffe nutzen« (ebd.: 411). Irritiert stellt man fest, dass es auch Meinhof nicht gelingt, genaue Abgrenzungskriterien für seine eingeführte Unterscheidung zu erbringen. Es bleibt die kritische Attitüde. Wenn aber eine Differenzierung – wie sie von Meinhof eingeführt wurde – keine faktischen Unterscheidungen erlaubt, welchen Sinn macht dann ihre Anwendung?

Zweitens: Aber auch seine weiteren themenspezifischen bzw. problemimmanent vorgegebenen Kontrastbilder im Sinne einer Kriterienauswahl, die er im Text benennt, stimmen mich eher skeptisch. Ich schätze den Grad ihrer Tauglichkeit, als Unterscheidungskriterium zwischen postkolonialer Soziologie und Soziologie des Kolonialismus zu fungieren, eher gering ein.

Die »grundlegende Idee« beispielsweise, »dass der Kolonialismus die Grundlage und den Entstehungskontext der modernen Gesellschaft darstellt« (Meinhof 2020: 413, ebenso Bhambra 2019), wird seit Jahrzehnten empirisch ganz konkret erforscht. Kolonialismusforscher geißeln schon seit Jahrzehnten die, wie John Hobson (2017: 225) dies nennt, »Eurocentric logic of immanence«, die suggeriert, dass der Aufstieg Europas buchstäblich selbst konstituiert war.[3] Sie haben dem »europäischen Primat der Moderne« (Meinhof 2020: 414) widersprochen und darauf hingewiesen, dass für die »Konstitution der Moderne« gerade externe kontextspezifische Faktoren für die Modernisierungsdynamik eine enorme Rolle spielen, wie die Arbeiten von James Blaut (1993), André Gunder Frank (1998), Kenneth Pomeranz (2000) oder Jens Beckert (2014) zeigen (vgl. ebenso Conrad 2013: 22). Während Frank (1998) die These aufstellt, dass die europäische Modernisierungs- und Globalisierungsdynamik im 15. Jahrhundert vor allem mit Hilfe des akkumulierten Edelmetalls aus den *lateinamerikanischen Kolonien* möglich wurde, sieht es Pomeranz für erwiesen an, dass die wichtigsten Ursachen für den globalen Vorsprung Englands ab dem 19. Jahrhundert (im Vergleich zum chinesische Jangtse-Delta) insbesondere auf die leicht zugänglichen Kohlevorkommen und die *Kolonialgebiete Großbritanniens* zurückzuführen waren. Ohne diese beiden Ressourcen »hätte auch Europa auf einem ›ostasiatischen‹, arbeitsintensiven Weg landen können« (Pomeranz 2007: 218). John Darwin hat es ganz konkret auf den Punkt gebracht: »Perhaps it was not

3 Oder wie es bei Bhambra (2019) heißt: »European states have purified their histories as national histories.«

Europe's modernity that triumphed, but its superior capacity for organized violence.« (2008: 27) Die Forschung hat somit auf unterschiedlichen Wegen – Stichwort »entangled histories« (Randeria 2002) – für viele Bereiche gezeigt, »dass der Aufstieg (West-)Europas zur hegemonialen Macht seit dem späten 18. Jahrhundert nicht lediglich selbst-generiert war, sondern das Ergebnis vielfältiger Interaktionen« (Conrad 2013: 98). Von einer Sonderstellung der postkolonialen Soziologie, was diese Themen betrifft, wie Meinhof sie unterstellt, kann bei Licht besehen keine Rede sein.

Drittens: Als neu interpretiert Meinhof (2020: 413) die These, dass die Moderne »*genuin kolonial*«, und daher auch »*genuin global*« sei. Diese Erkenntnis ist aber spätestens seit den 1970er Jahren allgemeiner Bestandteil des soziologischen Wissens. Die These steht insbesondere im Zentrum von Immanuel Wallersteins Weltsystemtheorie. Wallerstein (1979; 1991; 2004a; 2004b) meinte, dass eine kapitalistische Gesellschaft niemals national beschränkt ist, sondern dass es sich beim Kapitalismus um ein relationales Gefüge handele, das, wie man das Theorem auch immer bewerten mag, als Weltsystem zu verstehen sei. Die Aneignung des Mehrwerts erfolge durch kapitalistische Zentren, die periphere Räume ausbeuten, die in das Weltsystem inkorporiert werden. Kapitalismus »heißt auch die Aneignung des volkswirtschaftlichen Überschusses (Surplus) der gesamten Weltwirtschaft durch die Länder des Zentrums« (Wallerstein 1979: 47). Durch die Eingliederung externer Gebiete in das System der internationalen Arbeitsteilung werden diese zu Peripherien, die im Rahmen des Systems bestimmte Funktionen zu erfüllen haben (Wallerstein 2004b). »Die Unterentwicklung der Satelliten sei nur in Relation zur Metropole – on a world scale as a whole – zu verstehen.« (Hack 2005: 124) Jens Beckert schließlich hat die These Wallersteins gewissermaßen historisch an einem Beispiel ausbuchstabiert. Er hat darauf hingewiesen, dass der Kolonialismus und die Sklaverei die Grundlagen der britischen Expansion in der Baumwollindustrie gewesen sind: »Die Expansion der britischen Textilindustrien hing von dieser Spirale der Gewalt auf der gegenüberliegenden Seite des Atlantiks ab.« (Beckert 2014: 119) Der »eurozentrische Kapitalismus« (Meinhof) wird somit seit ca. 50 Jahren konkret und detailreich erforscht.

Viertens: Auch mit der von Meinhof (2020: 416) als innovativ gefeierten These, »dass eurozentrisches Wissen genealogisch und logisch an Kolonialismus gebunden wird«, worunter er auch den soziologischen Diskurs fasst (ebd.: 418), trägt er Eulen nach Athen. Selbstverständlich unterliegt der gesamte Diskurs der Moderne einer »kolonialen Fundierung« (ebd.: 417). Die

These gehört zu den Grundelementen, selbst schon der frühen Kolonialisierungsforschung. Die kulturelle Basis der modernen Gesellschaft gründete im Sinne Georges Balandiers (1970) auf der »kolonialen Situation«, mit ihrer Ideologie von der Überlegenheit der weißen Rasse. Mit dem kolonialen Projekt verbanden sich auf europäischer Seite immer auch »Zivilisierungsmissionen« (Wallerstein 1997: 97). Partha Chatterjee (1993) spricht von der »rule of colonial difference«. Kolonialismus basiert auf einem expliziten Rassismus. Der »Rasse-Diskurs« teilt Lebenschancen zu, indem er die Gesellschaft spaltet und versucht, »jede Identität in dem ihr jeweils zugewiesenen Habitat zu fixieren« (Hall 2018: 92). Georg Wilhelm Friedrich Hegel schrieb in seinen *Vorlesungen über die Philosophie der Geschichte*, »der Neger« stelle »den natürlichen Menschen in seiner ganzen Wildheit und Unbändigkeit dar [...]: es ist nichts an das Menschliche Anklingende in diesem Charakter zu finden« (1973: 122). Die deutsche anthropologische Zeitschrift »Globus«, hat die Chinesen häufig als ein Kulturvolk beschrieben, »that was ›just behind the Europeans in the scale of intellectual development‹« (Steinmetz 2003: 77). Auch das Recht nimmt in puncto Kolonialismus die Form eines »institutionalisierten Rassismus« an. Die arbeitsrechtlichen Reglementierungen in den Kolonien folgen beispielsweise einem »nach rassischen Kriterien differenzierten dualen Rechtssystem« (Conrad 2006: 81). Um 1900 wurde im Kolonialgebiet zu jeder Gelegenheit geprügelt – lange, nachdem der philosophisch/soziologische Diskurs der Moderne (Nassehi 2006) eröffnet worden war und seine »eurozentrische Schließung« (Osterhammel 2011: 95) stattgefunden hatte. Die Prügelstrafe, so argumentierten die Europäer, »entspreche dem niedrigen kulturellen Niveau der Afrikaner und ihrer fehlenden Abstraktionsfähigkeit« (Schaper 2012: 172).

Und wenn schließlich der von Meinhof zitierte Trutz von Trotha die Vorstellung der westlichen Soziologie geißelt, die Gewaltordnungen Afrikas südlich der Sahara ähnelten den modernen westlichen Staaten, weil sie bloße Kopien des Westens seien, dann kritisiert von Trotha selbstverständlich die »kanonische soziologische Idee der Moderne« (Meinhof 2020: 416). Diese verwechsle nämlich »die westlichen Gesellschaften mit der Welt als Ganzer« und halte sich vor allem »für die Zukunft selbst« (von Trotha 2000: 253). »Mit dieser Vorstellung bleibt der Westen wie eh und je die Moderne selbst« (ebd.). Das Problem besteht eben darin, dass die westliche Soziologie klar abgegrenzte Begriffe umstandslos auf andere Regionen überträgt. »Man blickt auf die ›anderen‹ vornehmlich unter dem Blickwinkel des ›Eigenen‹« (Matthes 1999: 415).

Der klassische »Postkolonialismus« der 1980er Jahre hat überdies sehr früh darauf hingewiesen, dass »epistemische Gewalt« (Spivak 1999: 205; siehe systematisch dazu Garbe 2013) im Sinne eines kanonisierten, eurozentrischen Wissens, alternative Epistemologien und Theorien verdrängen würde, die etwa repräsentativ für die Universitäten des Westens sind. Für Spivak sind gerade die westlichen Hochschulen und Bildungsinstitutionen ein Mahnmal für die postkoloniale Reproduktion epistemischer Gewalt (Spivak 1985: 130).

Kurzum: Es ist also keineswegs so, dass die Themen, die Meinhof (2020: 413) unter der Rubrik »Kolonialismus« fasst, nur in dem von ihm markierten Rahmen in der neueren »postkolonialen Soziologie« verortet werden können. Sie sind auch schon früher bzw. in anderen Disziplinen bearbeitet worden. Allen diesen Autor*innen – auch wenn sie divergierenden Disziplinen angehören –, geht es empirisch und ganz konkret »um eine Dezentrierung Europas und die Wahrnehmung des genuin globalen und genuin kolonialen Charakters der Moderne« (Meinhof 2020: 419).

3 Fazit

Ein Paradigma, das explizit mit dem Anspruch antritt, die Ausdifferenzierung des Kolonialisierungsphänomens vor dem Hintergrund der bisherigen Diskussion zu diesem Thema zu sondieren, hat es verdient, einer genauen Reflexion in Hinblick auf Argumentationslogik, Widerspruchsfreiheit und Neuigkeitswert unterzogen zu werden. Im Rahmen einer kritischen Würdigung neuer Autor*innen auf dem Gebiet des »neuen Postkolonialismus« (beispielsweise Go, Bhambra), lässt sich zusammenfassen, dass die Ausführungen, mit denen diese die eigene Position zu markieren und von anderen Denkansätzen abzusetzen trachten, zahlreiche Ungereimtheiten zeigen, die sich beim genaueren Hinsehen nicht als Innovation oder angemessene Weiterentwicklung des bestehenden Theoriespektrums erweisen. Auch Meinhofs neuer Vorschlag zur Differenzierung der Kolonialismusforschung klingt zwar auf den ersten Blick plausibel, trägt aber bei genauerer Betrachtung kaum zu einem differenzierten Verständnis der Sachlage bei. Ob wir überhaupt an dieser Stelle mit der Einführung von Bindestrich-Soziologien weiterkommen, wage ich zu bezweifeln. Am Ende gibt auch er lediglich »alten« Narrativen einen neuen Plot.

»Ist Postkolonialismus neu für uns?« fragt Meinhof (2020: 411). Die Antwort lautet: Neu wird der Zugang nur für diejenigen Leser sein, die sich in der internationalen Kolonialisierungsforschung nicht auskennen. Man kann ja nicht deswegen etwas als neuen Fund ausgeben, bloß weil man sich bisher für den Sachverhalt nicht interessiert hat (vgl. exemplarisch für einen solchen Versuch Rapior 2020). Hans Blumenberg (1996: 791) hat darauf hingewiesen, dass sich im Hinblick auf Authentizitäts- und Innovationsansprüche häufig ein Risiko offenbart, nämlich die Erkenntnis, »daß schon lange und vielgestaltig gesagt worden ist, was einer zum ersten Mal gesagt zu haben meint«.4 Herman Heimpel meinte daher: »Literaturkenntnis schützt vor Neuentdeckungen und ist das Elementarste an jenem zweckmäßigen Verhalten, das man etwas hochtrabend historische Methode zu nennen pflegt.« (1954: 210)

Zuzustimmen ist Meinhof allerdings dahingehend, dass die konventionelle Soziologie und Kulturtheorie bislang in vielerlei Hinsicht, wie Robbie Shilliam (2017: 140) dies bezeichnet, an »kolonialer Amnesie« leidet. Bei Licht besehen entspringen viele theoretische Ansätze und ihre Stilisierung als »interesselose Selbstbeschreibung« (Buckel, Martin 2019: 253), ganz einfach der kulturellen »Rechtfertigung der ›modernen‹ Gesellschaftsordnung« (Toulmin 1994: 216). Eine Kultur der Komplexität, kann sich solche provinziellen Reduktionismen nicht mehr leisten (Holzinger 2020). Insofern steht die »Dekonstruktion falsch vereinheitlichender Begriffe« (Joas 2011: 336) noch auf der Tagesordnung.

Literatur

Balandier, G. 1970: Die koloniale Situation. Ein theoretischer Ansatz. In R. von Albertini (Hg.), Moderne Kolonialgeschichte. Köln, Berlin: Kiepenheuer und Witsch, 105–124.

Beckert, S. 2014: King Cotton. Eine Geschichte des globalen Kapitalismus. München: Verlag C.H. Beck.

Buckel, S., Martin, D. 2019: Aspekte einer gesellschaftskritischen Theorie der Politik. In U. Bohmann, P. Sörensen (Hg.), Kritische Theorie der Politik. Berlin: Suhrkamp, 243–266.

Bhambra, G. 2014: Connected Sociologies. London: Bloomsbury Academic.

4 Ironischerweise legt auch Meinhof (2020: 411) in einigen Passagen die Vermutung nahe, dass einige Texte der aktuellen postkolonialen Theorie als kein »neuer theoretischer Beitrag zu postkolonialen Debatten« erscheinen.

Bhambra, G. 2016a: Comparative Historical Sociology and the State: Problems of Method. Cultural Sociology, vol. 10, no. 3, 335–351.

Bhambra, G. 2016b: Postcolonial Reflections on Sociology. Sociology, vol. 50, no. 5, 960–966.

Bhambra, G. 2019: European Colonial Entanglements: Questions of Historical Sociology and Progress. Komplexe Dynamiken globaler und lokaler Entwicklungen. Verhandlungen des 39. Kongresses der Deutschen Gesellschaft für Soziologie in Göttingen 2018. https://publikationen.soziologie.de/index.php/kongressband_2018, letzter Aufruf 9. November 2020.

Blaut, J. 1993: The colonizer«s model of the world: Geographical diffusionism and Eurocentric history. New York: Guilford.

Blumenberg, H. 1996: Höhlenausgänge. Frankfurt am Main: Suhrkamp.

Boatcă, M., Farzin, S., Go, J. 2018: E-Mail-Debatte. Postcolonialism and Sociology. SOZIOLOGIE, 47. Jg., Heft 4, 423–438.

Chatterjee, P. 1994: The Nation and its Fragments. Princeton, NJ: Princeton University Press.

Conrad, S. 2006: Globalisierung und Nation im Deutschen Kaiserreich. München.

Conrad, S. 2013: Globalgeschichte. Eine Einführung. München.

Conrad, S., Randeria, S. 2002: Jenseits des Eurozentrismus. Postkoloniale Perspektiven in der Geschichte der Geschichts- und Kulturwissenschaften. Frankfurt am Main: Campus.

Cooper, F. 2012: Kolonialismus denken. Konzepte und Theorien in kritischer Perspektive. Frankfurt am Main: Campus.

Darwin, J. 2008: After Tamerlane. The Global History of Empire since 1405. London: Routledge.

Frank, A.G. 2008: ReOrient. Global economy in the Asian age. Berkeley: University of California Press.

Garbe, S. 2013: Deskolonisierung des Wissens. Zur Kritik der epistemischen Gewalt in der Kultur- und Sozialanthropologie. Austrian Studies in Social Anthropology, no. 1, 1–17.

Go, J. 2013: For a Postcolonial Sociology. Theory & Society, vol. 42, no. 1, 25–55.

Go, J. 2016: Postcolonial Thought & Social Theory. Oxford: Oxford University Press.

Go, J. 2017: Decolonizing Sociology. Epistemic Inequality and Sociological Thought. Social Problems, vol. 64, no. 2, 194–199.

Hack, L. 2005: Auf der Suche nach der verlorenen Totalität. Von Marx' kapitalistischer Gesellschaftsformation zu Wallersteins Analyse der »Weltsysteme«? / From Marx' Societal Formation of Capitalism to Wallerstein's «World-Systems Analysis«?. In B. Heintz, R. Münch, H. Tyrell (Hg.) Weltgesellschaft. Sonderheft der Zeitschrift für Soziologie, 120–158.

Hall, S. 2018: Das verhängnisvolle Dreieck – Rasse, Ethnie, Nation. Berlin: Suhrkamp.

Hegel, G.W.F. 1973: Vorlesungen über die Philosophie der Geschichte. Werkausgabe, Bd. 12. Frankfurt am Main: Suhrkamp.

Heimpel, H. 1954: [Rezension zu] Friedrich August Freiherr von der Heydte. Die Geburtsstunde des souveränen Staates. Ein Beitrag zur Geschichte des Völkerrechts, der allgemeinen Staatslehre und des politischen Denkens. Göttingische Gelehrte Anzeigen 208, 197–221.

Hobson, J. 2017: Worlding the rise of capitalism: The multicivilizational roots of modernity. In J. Go, G. Lawson (ed.), Global Historical Sociology. Cambridge University Press, 221–241.

Holzinger, M. 2019: Alter Wein in neuen Schläuchen oder was ist neu am »neuen Postkolonialismus«? SOZIOLOGIE, 48. Jg. , Heft 2, 174–184.

Holzinger, M. 2020: Ordnungsformen der Gewalt in Gesellschaften des Globalen Südens. Zur historischen Beziehung zwischen Kolonialismus, Postkolonialismus und der Gegenwart des »Staates« aus dem Blickwinkel eines »methodologischen Kosmopolitismus«. In O. Römer, C. Boehncke, M. Holzinger (Hg.), Soziologische Phantasie und kosmopolitisches Gemeinwesen: Perspektiven einer Weiterführung der Soziologie Ulrich Becks, Baden-Baden: Nomos, i. Ersch.

Joas, H. 2011: Die Kontingenz der Säkularisierung. Überlegungen zum Problem der Säkularisierung im Werk Reinhart Kosellecks. In H. Joas, P. Vogt (Hg.), Begriffene Geschichte. Beiträge zum Werk Reinhart Kosellecks. Berlin: Suhrkamp, 319–338.

Matthes, J. 1999: Interkulturelle Kompetenz. Ein Konzept, sein Kontext und sein Potential. Deutsche Zeitschrift für Philosophie, 47. Jg., Heft 3, 411–426.

Meinhof, M. 2020: Postkoloniale Soziologie oder Soziologie des Kolonialismus. SOZIOLOGIE, 49. Jg., Heft 4, 410–422.

Nassehi, A. 2006: Der soziologische Diskurs der Moderne. Frankfurt am Main: Suhrkamp.

Osterhammel, J. 2009: Kolonialismus, 6. Aufl. München: C.H. Beck.

Osterhammel, J. 2011: World History. In A. Schneider, D.R. Woolf (eds.), Oxford History of Historical Writing, vol. 5. Oxford: Oxford University Press, 93–112.

Pomeranz, K. 2000: The great divergence: China, Europe, and the making of the modern world economy. Princeton: Princeton University Press.

Pomeranz, K. 2007: Politische Ökonomie und Ökologie am Vorabend der Industrialisierung. Europa und China im globalen Kontext. In S. Conrad, A. Eckert, U. Freitag (Hg.), Globalgeschichte. Theorien, Ansätze, Themen. Frankfurt am Main, New York: Campus, 191–219.

Randeria, S. 2002: Entangled Histories and Uneven Modernities. Civil Society, Caste Solidarities and the Post-Colonial State in India. In Y. Elkana, I. Krastev, E. Macamo, S. Randeria (eds.), Unraveling Ties. From Social Cohesion to New Practices of Connectedness. Frankfurt am Main, New York: Campus, 284–311.

Rapior R. 2020: Bringing the Empire (Back) In. Zur Überwindung des Eurozentrismus in der Weltgesellschaftsforschung. In H. Bennani, M. Bühler, S. Cramer, A. Glauser (Hg.), Global beobachten und vergleichen. Soziologische Analysen zur Weltgesellschaft. Frankfurt am Main: Campus, 35–79.

Schaper, U. 2012: Koloniale Verhandlungen: Gerichtsbarkeit, Verwaltung und Herrschaft in Kamerun 1884–1916. Frankfurt am Main, New York: Campus.

Shilliam, R. 2017: The Crisis of Europe and Colonial Amnesia. Freedom Struggles in the Atlantic Biotope. In J. Go, G. Lawson (eds.), Global Historical Sociology. Cambridge University Press, 124–141.

Spivak, G.C. 1985: The Rani of Sirmur. An Essay in Reading the Archives. In P. Hulme, M. Iverson, D. Loxley (eds.), Europe and its Others. Colchester: University of Essex, 128–151.

Spivak, G.C. 1999: A Critique of Postcolonial Reason. Toward a History of the Vanishing Present. Boston: Harvard University Press.

Spivak, G.C. 2003: Death of a Discipline. The Wellek Library Lectures Series. New York: Columbia University Press.

Steinmetz, G. 2003: The Devil's Handwriting. Precolonial Discourse, Ethnographic Acuity, and Cross-Identification in German Colonialism. Comparative Studies in Society and History, vol. 45, no.1, 41–95.

Toulmin, S. 1995: Kosmopolis. Die unerkannten Aufgaben der Moderne. Frankfurt am Main: Suhrkamp.

von Trotha, T. 2000: Die Zukunft liegt in Afrika. Vom Zerfall des Staates, von der Vorherrschaft der konzentrischen Ordnung und vom Aufstieg der Parastaatlichkeit. Leviathan, 28. Jg., Heft 2, 253–279.

Wallerstein, I. 1979: Aufstieg und Niedergang des kapitalistischen Weltsystems. Zur Grundlegung vergleichender Analyse. In D. Senghaas (Hg.), Kapitalistische Weltökonomien. Kontroversen über ihren Ursprung und ihre Entwicklungsdynamik, Frankfurt am Main: Suhrkamp, 31–67.

Wallerstein, I. 1991: Unthinking Social Science: The Limits of Nineteenth Century Paradigms. Cambridge, UK: Polity Press.

Wallerstein, I. 1997: Eurocentrism and its Avatars. The Dilemmas of Social Science. New Left Review, no. 226, 93–108.

Wallerstein, I. 2004a: Das moderne Weltsystem 1. Die Anfänge kapitalistischer Landwirtschaft und die europäische Weltökonomie im 16. Jahrhundert. Wien: Promedia.

Wallerstein, I. 2004b: Die große Expansion. Das moderne Weltsystem 3. Die Konsolidierung der Weltwirtschaft im langen 18. Jahrhundert. Wien: Promedia.

Die Post-Corona-Gesellschaft? Pandemie, Krise und ihre Folgen

Themenpapier zum gemeinsamen Kongress der Deutschen Gesellschaft für Soziologie (DGS) und der Österreichischen Gesellschaft für Soziologie (ÖGS) vom 23. bis 25. August 2021 an der Wirtschaftsuniversität Wien[1]

»Alle Räder stehen still, wenn Dein starker Arm es will!« So lautete die Ermutigung an die Arbeiterklasse als revolutionäres Subjekt im 19. und 20. Jahrhundert, um radikalen gesellschaftlichen Wandel herbeizuführen. Im 21. Jahrhundert ist es ein unbekannter Virus, der eine globale Pandemie auslöst, und wie auf unwiderstehlichen Befehl hin stehen alle Räder still. »Shutdown« wird eine grundstürzend neue Erfahrung für alle gegenwärtigen Gesellschaften. Es scheint die Chance für eine »Große Transformation« zu sein, die allenthalben von verschiedenen Seiten gefordert wird. Klimawandel, Umweltzerstörung, Ressourcenraubbau – alles das, was mit modernen Extraktionstechniken assoziiert wird, steht plötzlich zur Disposition. Auch die Globalisierung als Treiber für die Dynamik des gegenwärtigen Kapitalismus wird unversehens in Frage gestellt, obgleich sie in der Vergangenheit trotz aller bitterer Kosten zweifelsohne zum Abbau von globaler sozialer Ungleichheit beigetragen und 300 Millionen Menschen vor allem in China in die Mittelschicht katapultiert hat.

Post-Corona-Gesellschaft – der Titel dieses Soziologiekongresses könnte die Vermutung nahelegen, dass Corona ein Problem der Vergangenheit ist und wir längst auf dem Weg in eine Phase der Normalisierung eingetreten sind. Dies ist ganz offensichtlich nicht der Fall. Corona fordert die Gesellschaft heraus, nach wie vor und auf vielen Ebenen – auch wenn der große Schockmoment, in dem die Welt den Atem anhielt, erst einmal überstanden zu sein scheint. Die Soziologie diskutiert auf virtuellen Tagungen und in Videokonferenzen, wie es weitergehen kann und welche Lehren aus der anhaltenden Krise zu ziehen sein werden. Wie wird die Post-Corona-Gesellschaft aussehen? Wie geht die Gesellschaft aus einer Situation hervor, in der Wirtschaft, Arbeitswelt und öffentliches Leben einheitlich dem Imperativ

1 Wir gehen davon aus, dass der Soziologiekongress Ende August 2021 als Präsenzveranstaltung möglich sein wird. Sollte dies wider Erwarten nicht der Fall sein, wird er in virtueller Form durchgeführt werden. Mit Blick auf den Titel unseres Kongresses (»Post-Corona-Gesellschaft?«) würden damit die Risiken soziologischer Zeitdiagnostik offenbar. Aber das müssen wir wohl in Kauf nehmen.

der Nicht-Überlastung des Gesundheitssystems unterworfen waren? Vermag diese globale Krisenerfahrung die Weichen umzustellen für eine neue Gesellschaft, die die alten Imperative von Fortschritt, Wachstum, Beschleunigung hinterfragt? Wird sich überhaupt so etwas wie ein Epochenbruch ausmachen lassen oder beschreibt die Post-Corona-Gesellschaft eher eine Phase, in der das Coronavirus allmählich zu einem ganz normalen Gesellschaftsakteur wird (so wie Prionen oder Neutrinos)? Und welche neuen Trends und Tendenzen lassen sich beobachten?

Eines steht für die Soziologie außer Zweifel: Jede Krise prüft den Zustand der Gesellschaft. Getestet werden die Stabilität der Ordnung, das Funktionieren der Institutionen, die Resilienz von Gewohnheiten und Traditionen und natürlich die Lernfähigkeit der Gesellschaft im Umgang mit den Folgen. Für die Soziologie ist die Coronakrise daher ein interessanter Belastungstest für manche ihrer Konzepte und Theorieannahmen: Aus arbeitssoziologischer Perspektive mögen Erfahrungen mit dem Homeoffice die Debatte um die Entgrenzung von Arbeit bereichern. Aus familiensoziologischer Perspektive stellt sich die Frage, inwiefern die (ungleiche) Verteilung von Sorgelasten einen Rückfall in überkommen geglaubte Geschlechterrollen bedeutet. Die Techniksoziologie wird danach fragen, ob Digitalisierung und Künstliche Intelligenz nun noch rascher und flächendeckender durchgesetzt werden als zuvor und welche Folgen Formate digitaler Kommunikation in allen Lebensbereichen haben. Die Politische Soziologie wird sich dafür interessieren, ob extreme Krisen wie die Coronakrise einen bestimmten Typus politischer Herrschaft befördern und welcher Typus von politischer Regierung mit seinem Governance-Stil besser und wirkungsvoller agiert als andere. Aus konfliktsoziologischer Perspektive mag insbesondere interessieren, wie sich jene eigenartig breite Protestbewegung einordnen lässt, die sich im Kontext der Demonstrationen gegen die restriktiven politischen Maßnahmen entwickelt hat und im Feuilleton unter »Pandemie-Pegida« firmiert. Aus wissenssoziologischer Perspektive irritiert der Boom von Verschwörungstheorien und »Fake News« – ausgerechnet in einer Krise, die die Bedeutung wissenschaftlicher Expertise unterstrich. Die Umweltsoziologie sorgt sich darum, ob der Ausgang aus der Krise in der unverwandten Rückkehr zur »Normalität« des globalen Turbokapitalismus besteht, um die materiellen Einbußen so rasch wie möglich aufzuholen, aber eben um den Preis, dass sich der ökologische Verfall unserer Welt noch im 21. Jahrhundert erfüllen wird. Und natürlich die Wirtschaft: Stärkt die Hoffnung auf den Post-

Corona-Boom die Legitimationsgrundlage sozialer Marktwirtschaften oder ergibt sich die bereits erwähnte Chance auf eine Große Transformation?

Nicht zuletzt fordert die Coronakrise auch die Gesellschaftstheorie heraus: Welche Folgen hat es für eine funktional differenzierte Gesellschaft, wenn diese extrem dynamische und heterogene Ordnung durch politische Maßgabe auf einen zentralen Leitwert, nämlich den Lebensschutz, programmiert wird? Wie haben die verschiedenen Gesellschaften dieser Welt auf die Pandemie reagiert? Welche Lernprozesse waren zu beobachten? Welche Weichenstellungen wurden vorgenommen und warum? Welche Rückwirkungen wird die Pandemie-Erfahrung für unsere Lebensführung haben? Wie steht es um die Zukunft der Mobilität im Flug-, Bahn- und Autobereich? Bedarf die Moderne mit ihrer sich stets und ständig selbst überbietenden Steigerungslogik des »Schicksals«, etwa in Gestalt eines Virus, um von dem unwiderstehlichen Pfad der permanenten Selbstüberbietung vor dem Horizont der Selbstauslöschung abgebracht werden zu können? Spielt der Virus »Gott« und kann uns neue Gebote überbringen, die einen nachhaltigen Transformationspfad einzuschlagen erlaubt?

Der Soziologiekongress in Wien wird sich um diesen Fragenkreis drehen. Wie ist es möglich, dass ein aggressiver, grippeartiger Virus schafft, was auf dieser Welt bislang nicht gelingen sollte: Innehalten, Nachdenken und Basisroutinen in Frage stellen? Diesen produktiven Impuls des Coronavirus will der Kongress in Wien aufnehmen und vertiefen. In einer Reihe von Plenarveranstaltungen, Ad-hoc-Gruppen und Sektionsveranstaltungen soll der rationale soziologische Gehalt der gesellschaftsdiagnostisch orientierten These einer Post-Corona-Gesellschaft zur Diskussion gestellt werden.

Plenen

Die Sektionen sind eingeladen, sich am Auswahlprozess der Plenen zu beteiligen. Informationen über das genaue Prozedere wird es im Rahmen der weiteren Aussendungen geben. Die Plenarveranstaltungen könnten sich auf folgende Themen beziehen (ohne darauf beschränkt sein zu müssen):

1. Die Post-Corona-Gesellschaft: Begriffsproblematik und Krisensemantik
2. Der Primat des Gesundheitssystems: Probleme und Folgen
3. Wirtschaft, Wachstum und Wohlstand in Post-Corona-Gesellschaften
4. Beruf, Familie und Lebensführung: Erfahrungen mit COVID-19 und ihre Folgen

5. Körper, Selbst und Biosozialität: Krisenerfahrungen und Bewältigungsstrategien
6. Zwischen Virologie und Verschwörungstheorie: Expertise in der Coronakrise

Sektionsveranstaltungen

Die Sektionen von DGS und ÖGS sind aufgerufen, in jeweiliger Kooperation und nach Möglichkeit gemeinsam mit den Kolleg/innen aus den Forschungskomitees der SGS die Themen ihrer Sektionsveranstaltungen festzulegen und sie den Kongressorganisator/innen zu melden. Jede Sektionskooperation hat die Möglichkeit, eine Session (90 Minuten) zu gestalten. All jene Sektionen, die innerhalb der ÖGS bzw. DGS keine Schwestersektion haben, können ebenfalls Themenvorschläge einreichen. Stichtag für die Meldung von Sektionsveranstaltungen war der 23. Dezember 2020.

Ad-hoc-Gruppen

Anträge für Ad-hoc-Gruppen können bis zum 1. Februar 2021 gestellt werden. Die Auswahl der Ad-hoc-Gruppen trifft eine Jury, die sich aus Mitgliedern der Vorstände von DGS und ÖGS zusammensetzt. Österreichisch-deutsche Kooperationen werden bei der Auswahl bevorzugt behandelt.

Informationen zum Einreichungs- und Bewerbungsverfahren erhalten Sie in Kürze auf den Homepages von ÖGS und DGS. Ansprechpartnerin für die DGS ist

Dr. Sonja Schnitzler
E-Mail: sonja.schnitzler@kwi-nrw.de

Termine zum DGS/ÖGS-Kongress 2021 in Wien

Deadlines für Plenar-, Sektions- und Adhoc-Veranstaltungen

23.12.2020	Meldung von Sektionsveranstaltungen (eine Veranstaltung gemeinsam mit der/den jeweiligen »Schwestersektion/en«)
01.02.2021	Anträge auf Ad-hoc-Gruppen
Februar 2021	Benachrichtigung der Ad-hoc-Gruppen über Annahme oder Ablehnung
31.03.2021	Bewerbungen auf die Calls zu den Plenarveranstaltungen. Bitte per E-Mail an die jeweiligen Juror_innen
30.04.2021	Meldungen von Referent/innen, Vortragstitel und Zusendung der Abstracts für Plenar-, Sektions- und Adhoc-Veranstaltungen

Kongressanmeldung

31.05.2021	letzter Tag der Anmeldungen zum Early-Bird-Tarif

Das Ende der Online-Anmeldephase wird rechtzeitig bekannt gegeben. Die organisierenden Fachgesellschaften ÖGS und DGS entscheiden vor Ende des Early-Bird-Tarifs darüber, ob der Kongress analog oder digital stattfinden wird.

Weitere Informationen zum Procedere der Einreichungen wie auch zu eventuellen Terminänderungen werden auf der Homepage des Kongresses unter www.sozkongress2021.at bekanntgegeben.

Laudatio zur Vergabe des Thomas A. Herz-Preises für qualitative Sozialforschung an Johannes Becker und Daniel Bultmann auf dem 40. Kongress der DGS

Den Preis, den wir hier verleihen, hat Trutz von Trotha kurz vor seinem Tod gemeinsam mit seiner Frau Claudia gestiftet und nach dem früh verstorbenen Thomas A. Herz benannt, mit dem ihn eine wissenschaftliche Freundschaft verbunden hat. Mit dem Preis werden soziologische Arbeiten von Nachwuchswissenschaftler*innen gewürdigt, die die soziale Realität außereuropäischer Gesellschaften in den Blick nehmen, sich dabei qualitativer Methoden bedienen, und denen die Verbindung von Empirie und Theorie in besonderer Weise gelingt.

Warum aber dafür ein eigener Preis?

Im Kontext der deutschen Soziologie erfüllt der Preis eine wissenschaftspolitische Funktion. Denn der soziologischen Beschäftigung mit Regionen außerhalb der westlichen Hemisphäre haftet oft immer noch der Ruf der Exotik an. Und es fällt Kommissionen bisweilen schwer, in entsprechenden Arbeiten das zu erkennen, was von soziologischer Relevanz ist auch über die jeweilige Region hinaus. Entsprechend sind mit solchen regionalen Schwerpunktsetzungen oft erhebliche Karriererisiken verbunden. Internationalisierung meint oft noch immer eine Erweiterung des Horizonts in Richtung Europa und Nordamerika.

Dass dies nicht nur wissenschaftlich, sondern auch politisch zu kurz gegriffen ist, lehren uns die globalen politischen Entwicklungen seit langem. Und es fehlt der Soziologie an vielen Stellen die Expertise zur Forschung im Nahen und Mittleren Osten, in Asien oder Afrika.

Gleichzeitig ist aber das Außereuropäische für die Soziologie nicht als bloße Illustration des Fremden relevant, sondern erst dann, wenn ein Brückenschlag zwischen Empirie und soziologischer Theorie tatsächlich gelingt. Und hier können die qualitativen Methoden eine rekonstruktive Expertise beisteuern, die über die üblichen Policy-Analysen außereuropäischer Regionen hinausgeht. Dafür braucht es spezifische Kompetenzen, methodische, theoretische, und nicht zuletzt sprachliche.

Diese besondere Expertise will der Preis würdigen, und für ihre Bedeutung will er sensibilisieren.

Damit komme ich zu den beiden Arbeiten, die es dieses Jahr zu prämieren gilt. Bei beiden Preisträgern, lassen Sie mich das vorausschicken, zeigt sich die große Bedeutung der DFG auch für Projekte jenseits des soziologischen Mainstreams. Sie hat die Arbeiten beider Preisträger gefördert.

Der erste Preisträger ist *Johannes Becker*. Er hat in Freiburg, Berlin und London Geschichte und Ethnologie studiert und dort auch arabisch gelernt. Als »Quereinsteiger« in der Soziologie war er Wissenschaftlicher Mitarbeiter in dem DFG-Projekt »Etablierte und Außenseiter zugleich. Palästinenser und Israelis in unterschiedlichen Figurationen«.

An der Universität Göttingen, bei Gabriele Rosenthal, entstand seine soziologische Promotionsschrift über »Verortungen in der Jerusalemer Altstadt. Eine biographietheoretische und raumsoziologische Studie«. Sie ist beim transcript-Verlag erschienen und wurde mit dem Dissertationspreis der »Deutschen Arbeitsgemeinschaft Vorderer Orient« ausgezeichnet. Seitdem koordiniert Johannes Becker in Göttingen das DFG-Forschungsprojekt »Dynamische Figurationen von Flüchtlingen, Migranten und Altansässigen in Jordanien seit 1946« und ist affiliiert am Zentrum Moderner Orient in Berlin.

Im Zentrum von Beckers Arbeit steht die arabischsprachige Levante. Er hat für seine Dissertation 1½ Jahre Feldforschung in dieser Region durchgeführt, zahlreiche biographische Interviews geführt und einen historisch ausgedehnten Zeitrahmen verfolgt, um die Genese gegenwärtiger gesellschaftlicher Konstellationen und Konfliktsettings zu rekonstruieren.

In seiner Arbeit zur religiös und politisch aufgeladenen Altstadt von Jerusalem verknüpft er im Konzept der »Verortung« einen figurationssoziologischen Ansatz mit Biographietheorie und Raumsoziologie. Er zeigt, wie sich jenseits der und in Auseinandersetzung mit den administrativ definierten Quartieren und im Rekurs auf unterschiedliche Wir-Gruppen-Konzepte und Machtkonstellationen im Biographieverlauf eigene, oft dynamische Formen der Verortung herausbilden.

Im Kontext seiner gegenwärtigen Forschung in Amman liegt der Fokus auf Migration und Konflikt in einem besonders durch Migration geprägten urbanen Kontext.

Der zweite Preisträger ist *Daniel Bultmann*. Bultmann hat in Prag und Freiburg Soziologie studiert und an der HU Berlin promoviert. Er war Mitarbeiter an der Humboldt-Universität, Fellow an der Yale University, und arbeitet derzeit in einem DFG-Projekt zu Folter bei Katharina Inhetveen an der Universität Siegen.

Von ihm lag uns die Dissertation »The Social Order of Postconflict Transformation in Cambodia: Insurgent Pathways to Peace« vor, die bei Lexington erschienen ist.

Die Arbeit ist in einem selbst eingeworbenen DFG-Projekt entstanden. Sie untersucht die Wege der Mitglieder von bewaffneten Gruppen in Kambodscha in das zivile Leben nach dem Ende der bewaffneten Konflikte. In der von Bourdieu inspirierten Studie untersucht der Verfasser die Statusbiographien und Deutungswelten der (ehemaligen) Rebellen, und zwar verschiedener Ränge von Befehlshabern, sowie verschiedener bewaffneter Gruppen.

Die Arbeit zeigt die hohe Pfadabhängigkeit der Übergänge in das Leben in der Nachkriegsgesellschaft, abhängig von Status und Ressourcen im Herkunftsmilieu und der Position in der bewaffneten Gruppe. Bultmann arbeitet die Muster und Mechanismen der Übergänge für unterschiedliche »Habitusgruppen« heraus, mit eigenen Kapiteln zu den Khmer-Rouge-Kämpferinnen sowie zu der transnationalen Dimension, die die kambodschanischen Konflikte über die Mobilitätsbiographien der Kämpfenden bekommen. Damit entwickelt er eine über den Fall Kambodschas hinausweisende Theorie von Post-Konflikt-Transformationen. Die Studie basiert auf biographischen Interviews, Beobachtungen und Fotos. Zur Auswertung stützt sich Bultmann auf die Dokumentarische Methode. Ohne Kenntnisse in Khmer wäre diese Forschung selbstredend nicht möglich gewesen.

Derzeit erweitert Bultmann seinen regionalen Fokus und seine Themenschwerpunkte, unter anderem in einer vergleichenden Forschung zu unterschiedlichen Mustern von Elitenbildung und Konflikt in mehreren Ländern Südostasiens.

Beide Forscherpersönlichkeiten zeigen in ihren Arbeiten, dass diejenigen, die außerhalb der Komfortzone der deutschsprachigen Soziologie forschen, durchaus etwas zu allgemeinen soziologischen Fragen beizutragen haben. Beide bewegen sich mit ihren Arbeiten zu Konfliktregionen und deren Dynamiken zudem im Interessenspektrum des Stifters. Und sie liefern mit ihren ungewöhnlichen Zugängen wichtige Erkenntnisse auch für die Policy-Analyse, die sich mit den Dynamiken in Konfliktregionen befasst. Insofern schaffen sie nicht nur gute und zudem gut lesbare Soziologie, sondern auch Analysen von hoher gesellschaftlicher Relevanz.

Sie sind würdige Preisträger des Thomas A. Herz-Preises. Und der DFG sei gedankt, dass sie solch spannende Arbeiten fördert!

Monika Wohlrab-Sahr

Auf ihrem 40. Kongress hat die DGS 2020 zwei Masterarbeiten und zwei Dissertationen im Fach Soziologie als herausragende Abschlussarbeiten ausgezeichnet. Wir möchten Ihnen diese Arbeiten in der SOZIOLOGIE vorstellen. In diesem Heft präsentieren Anika Steppacher und Robert Dorschel ihre Masterarbeiten. In Heft 2 werden Daniel Drewski und Alexandra Schauer ihre Dissertationen vorstellen.

Von allen Wahrheiten die Beste

Eine qualitative Untersuchung zur Rekonstruktion esoterischen ›Wissensglaubens‹

Anika Steppacher

Wenngleich die Bindungskraft etablierter religiöser Institutionen nachgelassen hat, ist eine »religiöse Sehnsucht« (Taylor 2009: 887) weiterhin allgegenwärtig. Ausgehend von dieser Beobachtung eines sich wandelnden religiösen Feldes fand bereits Luckmann die Bezeichnung der *Unsichtbaren Religion*, um die Verschiebung des Religiösen in die private Sphäre zu beschreiben, ohne dies jedoch als säkulares Phänomen zu trivialisieren. In sozialkonstruktivistischer Perspektive wird so der Blick auf die »[gesellschaftlichen] Konstruktionen einer ›anderen‹ Wirklichkeit« (Luckmann 1991: 173) gerichtet. Religion fußt dabei auf einem universellen Bedürfnis nach Kommunikation mit dem, was die eigene Erfahrbarkeit transzendiert. Dies hat eine Entsprechung bei Kaufmann, der herausstellt, dass insbesondere Erfahrungen von Leid, Ungewissheit oder Unverfügbarkeit jenes Bedürfnis wecken und diese Kontingenzerfahrungen über religiöse Angebote bearbeitbar werden (vgl. Kaufmann 1989: 84).

Spirituelle und esoterische Deutungsangebote sind hierbei besonders augenfällig, sei es in Form von alternativen Heilmethoden in Gesundheitskursen oder spiritueller Lebenshilferatgeber in den Regalen etlicher Buchläden. Auffallend am esoterischen Feld ist seine Uneinheitlichkeit: Es zeichnet sich aus durch einen eklektischen Bezug auf vielseitige Lehren, geringe gemeinschaftliche Bindung und divergente, idiografische Benennungen der eigenen Spiritualität, was die Bezeichnung fluide Religiosität treffend zu beschreiben vermag (Lüddeckens, Walthert 2010). Esoterische Religiosität geht jedoch über den Bezug auf isolierte Angebote hinaus und wird vielmehr verstanden als ein Gesamt aus grundlegenden Gesetzmäßigkeiten des Denkens, eine spezifische Denkform[1] (Faivre, Voss 1995). Sie begründet sich in einer »okkulte[n] Dimension des Alltagsbewußtseins« (Stenger 1989: 131), das um eine nicht zugängliche Wirklichkeit weiß, die unmittelbar auf den Alltag zurückwirkt. Diese grundlegende Sinnhierarchie kann als esoterische Weltansicht beschrieben werden, deren sozial vermittelte, eindeutige und im esoterischen Jargon ganzheitliche Erklärungen bei Sinndeutung und der Bewältigung kontingenter Erfahrung zur Verfügung stehen.

Der wissenssoziologisch plausibilisierte Esoterikbegriff dient somit als analytisches Werkzeug, um dieses konfuse Feld durch geteilte Charakteristika präziser zu fassen. Vor dem Hintergrund eines geringen Institutionalisierungsgrads sowie des Bezugs auf diverse Lehren rückt die Betrachtung der subjektiven Bedeutung esoterischer Religiosität ins Erkenntnisinteresse. Wie stellen nun EsoterikerInnen trotz dieser scheinbaren religiösen Vereinzelung eine Weltansicht her, die als kohärent und stabil erlebt wird? Besonders die Bewältigung von Kontingenzerlebnissen verdeutlicht, wie sich Religiosität subjektiv bewährt und wie sich empirisch nicht zugänglichen Fragen gestellt werden kann. Wie ermöglicht also eine esoterische Religiosität die Bearbeitung von Krisen, Kontrollverlust oder allgemeiner Unverfügbarkeit? In einer qualitativen Untersuchung bin ich der Frage nachgegangen, wie im Rahmen esoterischer Weltansichten Kontingenzerfahrungen bewältigt werden und welche Deutungsschemata sich daraus ableiten (Steppacher 2019).[2]

1 Faivre stellt vier Grundkomponenten esoterischen Denkens vor: Die Annahme von Entsprechungen, wobei Immanenz und Transzendenz unmittelbar verbunden seien, die belebte Natur, wonach unsichtbare Kräfte die Natur beseelen, Vorstellung und Mediation oder die Annahme, auf andere Realitäten über Praktiken zugreifen zu können, und die Erfahrung der Transmutation, einer inneren Entwicklung zur Erleuchtung. Zwei weitere, sekundäre Elemente sind die Praxis der Konkordanz oder die Tendenz, allen Religionen denselben Kern zu unterstellen, sowie Transmissionsrituale (vgl. Faivre, Voss 1995: 60 ff.).

2 Diese Arbeit wäre ohne die Bereitstellung des Datenmaterials, das in der von der John Templeton Foundation geförderten Studie zur biografischen Religionsforschung an der Universität Bielefeld unter Leitung von Prof. Heinz Streib erhoben wurde, nicht möglich gewesen. Hierfür meinen herzlichen Dank.

Untersuchungsdesign

Zu Beginn der Untersuchung standen qualitative Daten in Form von Glaubensentwicklungsinterviews[3] sowie deskriptive Fallinformationen und Angaben zur religiösen Selbstverortung der Befragten zur Verfügung. Insbesondere die Beschreibung der ProbandInnen zur eigenen Spiritualität wurde für ein *Theoretical Sampling* genutzt: Die Interviewten wurden als EsoterikerInnen charakterisiert, wenn sie sich zum Beispiel explizit als solche bezeichneten oder einer nach Faivre als esoterisch zu klassifizierenden Strömung wie New Age folgten. Das Vorgehen bei der konkreten Fallauswahl nahm weitere relevante Ausprägungen systematisch auf: Sukzessive wurden sechs dieser als esoterisch herausgestellten Fälle[4] ausgewählt, die sich unterschiedlich stark eklektisch auf spirituelle Lehren bezogen sowie einen höheren oder minderen Grad an Vergemeinschaftung ihrer spirituellen Praxis aufwiesen.

Das Erkenntnisinteresse der Arbeit lag in der Rekonstruktion esoterischer Weltansichten, was eine Annäherung in hermeneutisch-subjektorientierter Perspektive und eine Ausrichtung an der Grounded Theory-Methodologie begründete. Die Auswertung orientierte sich am Prozess der offenen, axialen und selektiven Kodierung (Strauss, Corbin 2010): Ausgehend von konkreten, materialorientierten Konzepten werden in ständig vergleichenden, abduktiven Analyseschritten sukzessive abstrakte Kategorien gebildet, bis die *Kernkategorie* des zentralen Phänomens rekonstruiert werden kann. Durch diese Verdichtungsschritte ergibt sich ein komplexes und dichtes Muster, das sich in *Ursache*, *Ausprägung*, *intervenierende Bedingung*, *Strategie* und *Konsequenz* strukturieren lässt. Geleitet durch die Frage nach esoterischer Kontingenzbewältigung ermöglicht dieses methodische Vorgehen somit zunächst zentrale Elemente und Dynamik, sowie schließlich Funktion und strukturelle Logik esoterischer Weltansichten sichtbar zu machen.

3 Dies sind semi-strukturierte, leitfadengestützte Interviews, die auf den Theologen Fowler zurückgehen. Sie bestehen aus 25 erzählgenerierenden Fragen zu Lebensrückblick, Beziehungen, Werten und Verpflichtungen sowie Religion und Weltanschauung, die individuelle und biografisch begründete Beschreibungen der eigenen Religiosität anstoßen (vgl. Streib, Keller 2018).

4 Die Interviews wurden zwischen 2015 und 2018 mit vier Frauen und zwei Männern geführt, deren spirituelle Selbstbeschreibung von »esoterisch«, »Neo-Pagan«, »New Age« bis zu idiografischen Beschreibungen reichte.

Kontingenzbewältigung durch ›Wissensglaube‹

In der Analyse der Interviews konnte ich die *Kontingenzbewältigung durch Wissensglauben* als Kernkategorie im Sinne von Strauss und Corbin rekonstruieren. Einer der Interviewten hatte den Begriff Wissensglauben zur Beschreibung seiner eigenen Spiritualität verwendet und es wurde deutlich, dass sich dieser fallübergreifend dazu eignet, das zentrale Mittel der Befragten im Umgang mit Zusammenhängen zu charakterisieren, die sich ihrer eigenen Kontrollier- und Erfahrbarkeit entziehen. Im Folgenden gehe ich unter Einbeziehung von Beispielen aus dem Interviewmaterial auf die Elemente und Dynamik dieser Kernkategorie ein (siehe Abb. 1).

Abbildung 1: Elemente und Dynamik der Kernkategorie

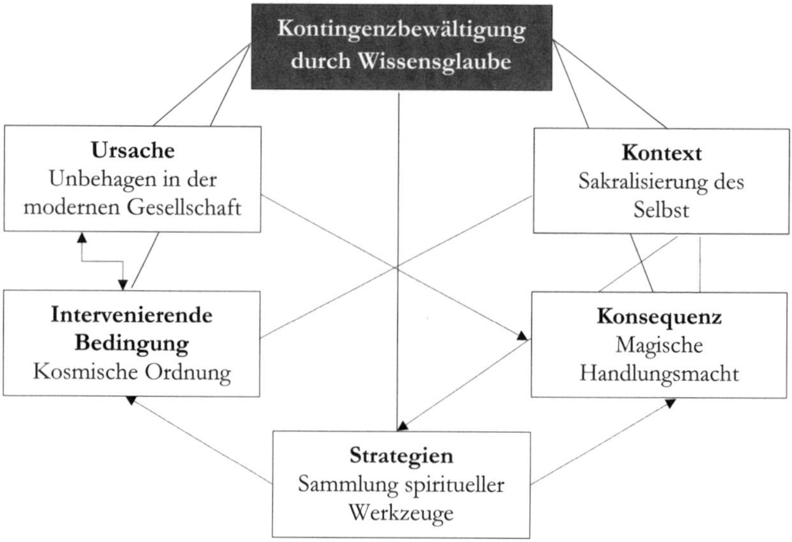

Bei den biografischen Ausführungen wird ein *Unbehagen in der modernen Gesellschaft* in unterschiedlichen Ausprägungen als Ausgangspunkt oder *Ursache* einer esoterischen Religiosität deutlich. Es sind Erfahrungen von persönlichen Enttäuschungen, beruflicher Ungewissheit und biografischer Orientierungslosigkeit, in der die angenommenen Defizite moderner Gesellschaften hervortreten und die die spirituelle Wanderschaft auslösen. Diese überfordernde Situation wird mit einer unterliegenden *Kosmischen Ordnung* kontrastiert. Es handelt sich hierbei um die *intervenierende Bedingung* in Form der grundlegenden, esoterischen Vorstellung, in ein sinnhaft geordnetes ›Großes Ganzes‹ eingebunden zu sein, das alles Materielle und Nichtmaterielle miteinander verbindet. In dieser antagonistischen Gegenüberstellung der rationalen, unechten, modernen Gesellschaft und der intuitiven, authentischen, zeitlosen kosmischen Ordnung steht alles zueinander in geordneter Verbindung. In dieser Logik werden Wertungen wie ›gut‹ und ›schlecht‹ obsolet, was sich unter anderem darin zeigt, dass die Interviewten Krisen als wichtige persönliche Lehren umdeuten, da alles in der Kategorie ›sinnhaft‹ aufgeht.

In der Vorstellung einer allumfassenden Ordnung wird auch das Selbst als unmittelbar mit der Transzendenz verbunden imaginiert. Somit wird das Selbst zum Fokus esoterischer Religiosität und zu einer gewissermaßen heiligen Kategorie, wofür in der Literatur die Beschreibung *Sakralisierung des Selbst* gefunden wurde (vgl. Partridge 2007: 237ff.). In diesem *Kontext* wird das Göttliche folglich nicht als etwas Äußerliches aufgefasst, sondern EsoterikerInnen können durch die Schärfung des Bewusstseins und Entwicklung zu einem höheren Selbst in direkten Kontakt dazu treten. In dieser Logik ist es nicht Vernunft, sondern die Fähigkeit der Intuition, mit der sich Zugang zur Transzendenz verschafft werden kann, und die auch die Interviewten als geeigneteres Mittel interpretieren, die komplexe Wirklichkeit zu erfassen. Wahr ist somit, was sich wahr anfühlt und die eigene Erfahrung wird in ihrer spirituell gedeuteten Dimension zum Schlüssel für den Zugriff auf die Transzendenz. Zu dieser stehen EsoterikerInnen nicht in einem Verhältnis der Verehrung, sondern sie haben eine direkte und fürsorgliche, fast schon zwischenmenschlich anmutende Beziehung zur Transzendenz, von der sie Orientierung, Trost und Leitung erwarten.

Vor diesem Hintergrund wird eine *Strategie* der *Sammlung spiritueller Werkzeuge* plausibel, da die durch sie erreichte spirituelle Selbstoptimierung diesen Zugang konkret ermöglicht. Diese Werkzeugkiste ist Resultat einer eklektischen Sammlung von Praktiken, Symbolen und Vorstellungen, die auf der esoterischen Überzeugung gründet, alle Religionen, Lehren oder Wissenschaften meinten im Kern dasselbe. Daher können Inhalte beliebig aus ihrem ursprünglichen Kontext herausgelöst und in die eigene spirituelle Praxis eingebaut werden. Dieser auf die eigene Bedarfslage angewendete Eklektizismus mündet in der Vorstellung einer besonderen Handlungsfähigkeit derjenigen, die diese Werkzeuge anzuwenden wissen. Es zeigt sich in den

Gesprächen, dass jene *Konsequenz* einer *magischen Handlungsmacht* für die Bearbeitung von Kontingenzerlebnissen zentral ist, denn über diese Praktiken können die Interviewten sich mit Engeln über Lebensprobleme beraten, durch astrologische Berechnungen die Zukunft prognostizieren, durch Bachblüten heilen oder Alltagsprobleme lösen, indem sie sich zum Beispiel einen Parkplatz ›herzaubern‹. Die direkte Anwendbarkeit und die Gewissheit, die Wirkung der spirituellen Praktiken zu spüren, begründet nun die Überzeugung, sich das Unkontrollierbare magisch verfügbar gemacht zu haben.

Von Stabilität zur Abgeschlossenheit esoterischer Weltansichten

In den Interviews wird deutlich, dass die eigene Spiritualität erst durch eine unsichtbare Gemeinschaft an Kontur gewinnt, die bei schamanischen Workshops, auf einschlägigen Facebook-Seiten oder bei der Lektüre esoterischer Werke sichtbar wird. Diese bietet vielfältige Modelle und ein Vokabular, das zur Fassbarmachung der kosmischen Ordnung und zur Bearbeitung subjektiver Bedürfnisse dient. Durch die explizite Überzeugung, alle Lehren entsprächen Meinungen, die auf das Gleiche verwiesen, erhält wissenschaftliches und methodisch abgesichertes Wissen den gleichen Rang wie subjektive Deutung. Der esoterische ›Wissensglaube‹ beschreibt eine Spiritualität, die sich anderen Religionen und Weltanschauungen überlegen wähnt, da deren Lehren nicht nur in die eigene Weltsicht aufgenommen, sondern erweitert würden. Über das Aus- und Einsortieren vielseitiger Vorstellungen und Praktiken gehen die Interviewten davon aus, von allen Angeboten das Beste ausgewählt zu haben, um ein betrachtetes Phänomen in seiner Gesamtheit erfassen zu können. Esoterik erscheint somit als gehobenes Sonderwissen, das sich besser begründet gibt als Religion und im Gegensatz zur auf die Immanenz beschränkten Wissenschaft die Erklärung der Transzendenz mit aufnimmt (vgl. Rademacher 2010: 374 ff.).

So sichert die eigene Spiritualität eine als allumfassend imaginierte Perspektive, die häufig als Ganzheitlichkeit bezeichnet wird und die einen besonderen Zugang zur Wahrheit bieten soll. Es ergibt sich ein widersprüchliches Bild: Zum einen lehnen die Interviewten die Vorstellung einer gültigen Wahrheit explizit ab. Stattdessen habe jedeR eine eigene, subjektive Wahrheit und Kritik daran wird als unredlich abgetan. Auf der anderen Seite wird die Bemühung deutlich, die komplexe Realität auf wenige, allgemein gültige

Postulate zu reduzieren. Dieses Schema stabilisiert sich über eine innere Kohärenz: Es erscheint in sich sinnhaft, da die Elemente einander problemlos ergänzen und sich dann bewähren, wenn beobachtbare Erlebnisse mit diesen abstrakten Modellen scheinbar eindeutig erklärt werden können. Dies zeigt sich in den Interviews in expliziten Positionierungen zu sehr abstrakten und komplexen Fragen und Phänomenen, wenn zum Beispiel Börsenkurse vermeintlich zweifelsfrei astrologisch errechnet oder über Handauflegen eindeutige Prognosen zu Krankheitsverläufen gegeben werden. Dieses Muster ist lückenlos und kann über hierzu konträre Erfahrungen nicht herausgefordert werden, denn sollten einzelne Elemente nicht die gewünschte Wirkung entfalten, kann auf andere verwiesen werden. Beispielhaft lässt sich dies an den Ausführungen einer Interviewpartnerin verdeutlichen, wenn sie erwähnt, dass ihre alltägliche Wunscherfüllung durch ›Zauber‹ nicht immer funktioniert, was sie darauf zurückführt, dass sie im Erlernen dieser spirituellen Praxis »noch am Anfang« sei (Annette, Z. 1692). Somit kann, sollte die Handlungsmacht nicht wirken, auf das noch nicht ausreichende spirituelle Training verwiesen werden. Ebenso plausibel wäre es, dies mit der kosmischen Ordnung zu erklären, die keinen anderen Ausgang zugelassen hätte.

Es entsteht ein geschlossenes Weltbild, das sich im Besitz eines als ›wissenschaftlich‹ abgesicherten, höheren Wissens begreift, das im Stande ist, sowohl Alltagserfahrungen als auch das sich in der Transzendenz Befindliche aufzuklären. Es handelt sich um eine Gewissheit, die Legitimität durch Reichweite, Kohärenz und vermeintliche Seriosität der Modelle sowie die Erfahrbarkeit einer ›magischen‹ Autonomie gewinnt. In diesem Zusammenfallen von Immanenz und Transzendenz sieht sich das Subjekt nichts Höherem gegenüber, sondern kann die Welt(en) nach eigenem Willen gestalten. Exemplarisch veranschaulicht dies der Interviewpartner mit dem Pseudonym Sebastian eindrücklich, wenn er sich bei astrologischen Beratungssitzungen mit Bezug auf seine Spiritualität ein ›intuitives Wissen‹ zuschreibt:

»Es ist kein Glaubenssystem, sondern es ist ein System, was bestimmte Elemente aus der Religion beispielsweise für sich in die Anwendung nimmt. Es ist kein Glaubenssystem, ne? Weil ich glaube nichts, wenn ich dort etwas sage, sondern ich sage das, was ich in dem Moment intuitiv weiß. […] Und das sind so Sachverhalte, ich weiß in dem Zusammenhang eben bestimmte Dinge und wie gesagt, da kommt eine Frage auf mich zu: Was wird aus der nächsten Beziehung? Und ich kann bis auf den Tag genau sagen, wann sich beide trennen werden.« (Sebastian, Z. 378–80)

Esoterik als Kontingenzvermeidung

Bei der Bearbeitung von Kontingenzerfahrungen bewährt sich esoterische Religiosität, indem sie das Unverfügbare über spirituelle Techniken und ›intuitives‹ Wissen als verfügbar imaginiert. Durch das Bestehen auf eine determinierende Ordnung verlieren moralische Fragen an Ambiguität und jede persönliche oder soziale Erfahrung wird als ›sinnvoll‹ gedeutet. Damit wird Kritik an gesellschaftlichen Umständen unmöglich und die einzig verbleibende Bewährungsoption ist die spirituelle Selbstoptimierung (vgl. Barth 2012: 260 f.). Durch die Einpassung von Inhalten vielfältiger Provenienz in ein abgeschlossenes Deutungssystem wird der eigenen Spiritualität zugesprochen, die Welt restlos zu erklären. Dies verhindert nicht nur jegliche Erkenntniserweiterung, sondern verschließt sich auch vor der demütigen Erkenntnis der Offenheit menschlicher Existenz.

Letztendlich lässt sich durch den esoterischen Zugang zur Wahrheit, der auf Intuition und Gefühl gründet, eine Erosion des Vertrauens in Institutionen und rationale Erklärungen veranschaulichen. EsoterikerInnen können das eine Wahre fühlen, hören, errechnen oder über komplexe Modelle fassen. So kann die Realität durch die eigenen spirituellen Praktiken auf eine eindeutige und zweifelfreie Einschätzung oder ein Gefühl reduziert werden. Institutionen wie die Wissenschaft, Schulen oder Medizin, die evidenzbasiert und rational ausgerichtet sind und die EsoterikerInnen abwertend als ›Staatsschule‹ oder ›Schulmedizin‹ bezeichnen, werden somit zur Erklärung realer Phänomene nicht mehr benötigt. An die Stelle vernunftbasierter Kritik rückt esoterisch begründete Kontingenzvermeidung. Es bleibt ein Forschungsdesiderat, inwiefern das Konzept eines esoterischen ›Wissensglaubens‹ dazu geeignet ist, aktuelle Erscheinungen wie die Überzeugungskraft von Verschwörungserzählungen verständlich zu machen.

Literatur

Barth, C. 2012: Esoterik – die Suche nach dem Selbst. Sozialpsychologische Studien zu einer Form moderner Religiosität. Bielefeld: transcript.

Faivre, A., Voss, K.-C. 1995: Western Esotericism and the Science of Religions. Numen, vol. 42, no. 1, 48–77.

Kaufmann, F.-X. 1989: Religion und Modernität. Sozialwissenschaftliche Perspektiven. Tübingen: Mohr.

Luckmann, T. 1991: Die unsichtbare Religion. Frankfurt am Main: Suhrkamp.

Lüddeckens, D., Walthert, R. (Hg.) 2010: Fluide Religion. Neue religiöse Bewegungen im Wandel. Theoretische und empirische Systematisierungen. Bielefeld: transcript.

Partridge, C. 2007: Truth, Authority and Epistemological Individualism in New Age Thought. In D. Kemp, J.R. Lewis (eds.), Handbook of New Age. Leiden, Boston: Brill, 231–254.

Rademacher, S. 2010: Das Wissenschaftsbild in der Esoterik-Kultur. Dissertation. Bern.

Stenger, H. 1989: Der »okkulte« Alltag. Beschreibungen und wissenssoziologische Deutungen des »New Age«. Zeitschrift für Soziologie, 18. Jg., Heft 2, 119–135.

Steppacher, A. 2019: Von allen Wahrheiten die Beste. Eine qualitative Analyse von Glaubensentwicklungsinterviews zur Rekonstruktion des esoterischen Wissensglaubens im Kontext Unsichtbarer Religion. Universität Bielefeld: Ms.

Strauss, A.L., Corbin, J.M. 2010: Grounded theory. Grundlagen qualitativer Sozialforschung. Weinheim: Beltz.

Streib, H., Keller, B. 2018: Manual for the Assessment of Religious Styles in Faith Development Interviews. Bielefeld: Universität Bielefeld.

Taylor, C. 2009: Ein säkulares Zeitalter. Frankfurt am Main: Suhrkamp.

»Data Science«

Analyse einer emergierenden Profession mittels einer Verknüpfung von Diskurs- und Feldtheorie

Robert Dorschel

Soziologinnen und Soziologen aller Welt scheinen in der Diagnose vereinigt zu sein, dass sich die moderne Gesellschaft in einer Umbruchphase befindet. Die Digitalisierung und Quantifizierung des Sozialen werden als zwei zentrale Dynamiken identifiziert, welche die aktuellen Strukturverschiebungen vorantreiben (Fourcade, Healy 2016; Mau 2017; Reckwitz 2017; Staab 2019). Diese Arbeit ist an der beruflichen Hinterbühne der zwei wahlverwandten Dynamiken interessiert. Untersuchungsgegenstand ist die emergierende Gruppe der »Data Scientists«, welche – insbesondere in den USA, zunehmend auch in Deutschland – einen Professionalisierungsprozess durchläuft (Brandt 2016; Mützel, Saner, Unternährer 2018; Saner 2019). In der Hochschullandschaft wurden zahlreiche Master- und PhD-Studiengänge mit Schwerpunkt Data Science etabliert und im ökonomischen Feld wird Data Scientists in Stellenausschreibungen eine eigenständige Jurisdiktion zugeschrieben. Zudem kürte die *Harvard Business Review* im Jahr 2012 Data Science zum »Sexiest Job of the 21st Century«. Aus wissenssoziologischer Perspektive werden berufliche und professionale Zuständigkeiten für bestimmte Problemfelder jedoch nicht als natürlich Gegebenes verstanden, sondern als Ergebnis von Auseinandersetzungen um die Durchsetzung und Objektivierung sozialer Denk- und Deutungsweisen (Luckmann, Sprondel 1972; Pfadenhauer 2003). Der Professionalisierung von Data Science gebührt dementsprechend ein hohes Maß wissenssoziologischen Wunderns, und dies führt zu den zwei zusammenhängenden Fragestellungen der Untersuchung: Wie wird Data Science als Profession diskursiv konstruiert? Welche sozialen Wissensordnungen konstituieren das emergierende Professionsfeld? Diesen Fragestellungen bin ich im Rahmen meiner soziologischen Abschlussarbeit an der Humboldt-Universität zu Berlin nachgegangen (Dorschel 2019).

Das Diskursfeld als sozialtheoretischer Zugang

Aufbauend auf dem berufs- und professionssoziologischen Forschungsstand kann konstatiert werden, dass es sich bei solchen Berufen um Professionen handelt, die eine relative Autonomie bzw. Selbstkontrolle besitzen (Abbott 1988; Freidson 1988). Die professionale Autonomie, die mit erhöhten Statuschancen einhergeht, wird von Professionen in der Regel über drei Mechanismen hergestellt: 1) eine akademische Institutionalisierung, 2) eine distinktiv-abstrakte Fachexpertise und 3) ein als altruistisch anerkanntes Berufsethos. Die Professionssoziologie tendiert jedoch dazu, diese Mechanismen ohne ein über die Arbeitswelt hinausgehendes, differenzierungstheoretisches Instrumentarium zu untersuchen. In dieser wissenssoziologischen Untersuchung will ich in den Blick nehmen, wie Data Scientists innerhalb verschiedener gesellschaftlicher Felder konstruiert werden. Dafür ziehe ich Bourdieus Theorie sozialer Felder heran. Mittels der Feldtheorie lassen sich Professionen als professionale Felder konzeptualisieren, als soziale Mikrokosmen, in denen Akteure mit unterschiedlichen Kapitalformen nach relativ autonomen Regeln und Logiken um Herrschaftspositionen und Benennungsmacht konkurrieren (Bourdieu 2015). Professionale Felder sind dabei Habitate nicht nur von den Professionals selbst, sondern auch von weiteren Akteuren, wie etwa den Universitäten des akademischen Feldes oder den Unternehmen des ökonomischen Feldes, die maßgeblich an der Strukturierung des Professionswesens beteiligt sind.

Bourdieus Feldtheorie tendiert jedoch dazu, das Wissen über die Welt herrschaftsfunktionalistisch auf sozialstrukturelle Positionen zurückzuführen. Die Verknüpfung mit Foucaults Diskurskonzept soll eine Hinwendung zur Eigendynamik des Wissens und des Diskurses erlauben. Während für Bourdieu die Diskurse, wie auch die Lebensstile, Ergebnisse lagebedingter Sprechakte sind – also von bewussten und unbewussten Strategien der Akteure angetrieben werden –, fasst der Poststrukturalist Foucault die diskursiven Wissensordnungen als eigendynamisch auf (Foucault 1981). Der Maschinenraum des Diskurses liegt für Foucault nicht in der sozialstrukturellen Matrix seiner Sprecher_innen, sondern in autonomen Formationsregeln, welche die Regulierung von Äußerungen bestimmen (Diaz-Bone 2002: 81). Als Ordnungen des Denk- und Sagbaren kreieren Diskurse mittels sozialer Formationsregeln aktiv den symbolischen gesellschaftlichen Bezugsrahmen, durch den soziale Phänomene erst hervorgebracht werden (Keller 2011: 127). Eine Zusammenführung von Foucault und Bourdieu ermöglicht erstens, Professionsfelder als eigendynamische Wissensfelder zu verstehen, ohne dabei die sozialstrukturelle Machtperspektive auf Positionengefüge und Kapitalformen aufzugeben. Zweitens stellt das Konzept des Diskursfeldes den Kontakt für die Berufs- und Professionssoziologie zur Ebene der Gesellschaft wieder her: Professionsfelder sind demnach einerseits Habitate eigengesetzlicher Diskurse, andererseits aber auch Schauplätze, an denen feldübergreifende Diskurse sich kreuzen und gebrochen werden (Hamann 2014; Schmidt-Wellenburg 2012).

Daten und Methode

Die wissenssoziologische Diskursanalyse stellt analytische Konzepte und eine methodische Vorgehensweise bereit, um textförmige Daten systematisch auf zugrundeliegende soziale Regelmäßigkeiten zu untersuchen. Mittels der Konzepte Phänomenstruktur, Klassifikation und Deutungsmuster soll, anschließend an Foucaults diskurstheoretisches Programm, die inhaltliche Strukturierungsebene von Diskursen interpretativ-analytisch freigelegt werden (Keller 2011: 179). Die Datengenerierung erfolgte in drei sozialen Feldern, die als zentral für Professionalisierungsprozesse gelten: im akademischen, ökonomischen und medial-öffentlichen Feld (Abbott 1988: 55). Für das akademische Feld wurden 15 Beschreibungen des Masterstudiengangs Data Science als Korpusquelle ausgewählt. Es wurden jeweils fünf Studiengangsbeschreibungen von hoch-, mittel- und niedrig rangierenden Hochschulen in den USA herangezogen, um so Rückschlüsse auf die Rolle der Machtstruktur des akademischen Feldes für die Genese des Data Science-Professionsfeldes zu ziehen. Für das ökonomische Feld wurden 32 Stellenanzeigen von etablierten Tech-Unternehmen einerseits und neueren Tech-Start-ups andererseits als Korpusmaterial ausgewählt. Als Datenmaterial für die diskursanalytische Untersuchung des medial-öffentlichen Feldes fungieren 30 mediale Artikel von der populären Onlineplattform ›Medium‹. Eine Feldanalyse der Akteure und ihrer Äußerungsmodalitäten im medialen Feld wurde nicht vorgenommen. Alle ausgewählten Textdokumente der drei Subfelder (n = 77) beziehen sich auf den US-amerikanischen Raum, dem im Bereich der datenbasierten kommerziellen Technologie eine symbolische Vorreiterrolle für westliche, postindustrielle Gesellschaften zugeschrieben wird. Der Kodierprozess erfolgte in der ersten Phase eher induktiv-deskriptiv und in der zweiten Phase stärker rückgekoppelt an die Heuristik des professionalen Diskursfeldes. Aus der sozialtheoretischen Synthese des Diskursfeldes und der methodologischen Operationalisierung kann eine Visualisierung destilliert werden (siehe Abb. 1). Im nächsten Abschnitt werden die Untersuchungsergebnisse zum Diskursfeld Data Science zusammengefasst.[1]

Abbildung 1: Die Data Science-Profession aus diskursfeldtheoretischer Perspektive

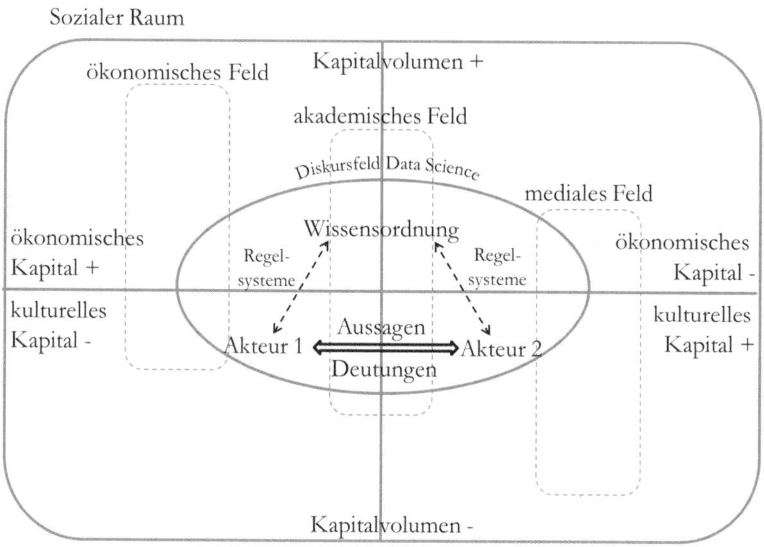

Empirische Analyse

Akademisierung trotz Universitätskritik

Was die akademische Institutionalisierung betrifft, herrscht Konflikt im Diskursfeld zwischen den drei Subfeldern. Das mediale Subfeld nimmt die Stellung des orthodoxen Pols ein: Hier argumentieren die Feldakteure, dass es zum Data Scientist nicht zwingend einer klassischen universitären Ausbildung bedarf. In Anlehnung an die Hackerkultur wird die Möglichkeit einer kostengünstigen Online-Ausbildung auch jenseits von Universitäten gepriesen. Den entgegengesetzten, heteronomen Pol des Feldes nimmt das akademische Subfeld ein. Dort wird postuliert, dass Data Science einer universitär-

1 Die Zusammenfassung erfolgt im Rahmen dieses Beitrages ohne Präsentation von Diskursextrakten.

institutionalisierten – weil komplexen und ethisch reflektierten – akademischen Ausbildung bedarf. Data Science wird als Querschnittsdisziplin positioniert; die Lehrpläne speisen sich aus einer Mischung aus Statistik, Informatik, Ingenieurswissenschaften und Ethik. Diese schwache Institutionalisierung[2] erfährt jedoch häufig eine Diskursivierung als Stärke, indem argumentiert wird, dass Data Science als Querschnittsdisziplin das Wissen von mehreren Fächern und Disziplinen synergistisch koppele. Es wird eine narrative Referenz zur Durchdringung der sozialen Welt durch Daten gezogen, die, so das Mantra, ja ebenfalls keinen Halt vor sozialen Grenzen mache. Zwischen dem akademischen und dem medialen Feld, im Baryzentrum, ist das ökonomische Feld in diesem Diskurskonflikt lokalisiert. Ausgehend von der Analyse der Stellenanzeigen kann dort eine Zwischenposition im Streit über die akademische Institutionalisierung von Data Science diagnostiziert werden. Dies manifestiert sich in den Stellenanzeigen, in denen kein fachspezifisches Data Science-Studium vorausgesetzt wird, sondern lediglich ein Studium in einem quantitativen Fach als Bedingung für die Bewerbung vorgegeben ist. Allerdings korrespondieren die gesuchten Qualifikationsprofile eng mit den Lehrinhalten der Data Science-Studiengänge. In Bezug auf die akademische Institutionalisierung besteht also Dissens zwischen den Feldern, was die Rolle der Universitäten anbelangt, letztlich ist jedoch eine Tendenz hin zu einer akademischen Professionalisierung von Data Science erkennbar.

Synergistische Fachexpertise

Bei der diskursiven Konstruktion der Fachexpertise herrscht größerer Konsens zwischen den verschiedenen Subfeldern im Diskursfeld. Data Scientists wird subfeldübergreifend eine multipolare Fachexpertise attestiert. Diese speist sich laut der dominanten diskursiven Praxis aus technischen Fähigkeiten (insbesondere dem Programmieren mit Programmen wie R oder Python), statistischen Kenntnissen, einem ökonomischen Grundverständnis und sozialen Kompetenzen. Zwar herrscht teilweise Disput darüber, ob eine stärkere Spezialisierung dem Berufswesen nicht zugutekäme, grundsätzlich lässt sich jedoch konstatieren, dass Data Scientists feldübergreifend als synergistische Übersetzer_innen konstruiert werden. Die Beherrschung und Kombination verschiedener Fähigkeiten ermögliche den Data Scientists, so der herrschende nomos, neue Einsichten aus Daten zu generieren, wie etwa

2 Eigenständige Data Science-Institute entstehen erst langsam und hauptsächlich an Eliteuniversitäten.

über unbekannte Konsumbedürfnisse von Kund_innen. Data Scientists werden als Übersetzer_innen zwischen technischen Geräten, Software-Programmen, Teammitgliedern, unternehmerischen Kalkülen und gesellschaftlichen Problemstellungen diskursiviert. Die Sozialfiguren des Statistikers oder Informatikers – die tendenziell als solche Arbeitssubjekte gelten, die zwar über hohes technisches und informationelles Kapital, jedoch wenig soziale Kompetenzen verfügen – können vermutlich die angerufene Position des fachlich und sozial geschickten Data Scientists in der digitalen Datenökonomie nicht einnehmen. Statistiker und Informatiker gelten als Arbeitssubjekte, die es disziplinarisch zu führen gilt. Data Scientists hingegen müssen dem Diskurs nach nicht mehr disziplinarisch geführt werden. Diese kulturelle Kapitalform der synergistischen Kopplung von Konzepten, Prozessen, Subjekten und Objekten ist es, die Data Scientists eine distinkt-abstrakte und damit professionale Fachexpertise (diskursiv) zukommen lässt. Akteure benötigen also nicht mehr nur technisches Kapital, um einen gut dotierten Beruf in der Informationsökonomie zu erhalten, sondern zudem hohes kommunikatives Kapital.[3] Data Scientists müssen gewissermaßen beide Steves verkörpern: Steve Jobs und Steve Wozniak. Es darf vermutet werden, dass Akteure aus bürgerlichen Existenzen einen Vorteil besitzen, einen solchen Habitus auszubilden.

Datensolutionistisch-identitätspolitisches Professionsethos

Die Data Science-illusio manifestiert sich im Glauben daran, dass Daten die soziale Welt besser machen können und dass die Ausübung der Tätigkeit eines/einer Data Scientist die Möglichkeit bietet, neben der Welt parallel auch noch die eigene Karriere zu transformieren. Mit dem Gedanken der Transformation der eigenen Karriere lebt eine aktualisierte Form des *American Dream* wieder auf. Daten bzw. Chancen sind überall, lautet die Devise: Mit Willenskraft und ein wenig Ausbildung, die man sogar online erwerben kann, scheint der Traum einer oberen Mittelstandsexistenz nicht mehr in allzu weiter Ferne. Mit dieser Aussicht auf ein Unterlaufen der Abstiegsgesellschaft verbindet sich die ehrlich formulierte Hoffnung, die Welt ein bisschen besser zu machen. Das Sinnmuster des Solutionismus verweist auf eine berufsethische Überzeugung, dass gesellschaftliche Probleme mit

3 Was insbesondere an den prestigeträchtigen Universitäten in den Lehrplänen Berücksichtigung findet.

datenbasierten technischen Lösungen überwunden werden können (Morozov 2013; Nachtwey, Seidl 2017). Aus feldanalytischer Sicht begünstigt der Glaube an die Kraft von Daten die dominanten Akteure des Diskursfeldes Data Science – und damit letztlich eine herrschende Klassenfraktion innerhalb des sozialen Raumes. Denn wer an die Macht der Daten glaubt, der erkennt in der Regel das symbolische Kapital nicht im Datum, sondern in Datenmengen bzw. möglichst großen Datenmengen. Dieser sozialen Tatsache scheinen sich Google, Microsoft, Apple und Amazon durchaus bewusst zu sein, werben sie doch offensiv um den knappen qualifizierten Nachwuchs mittels ihres hohen informationellen Kapitals.

Doch das Berufsethos allein anhand eines Datenfetischismus zu bestimmen, wäre soziologisch unzureichend. Vielmehr muss die Frage gestellt werden, welche Probleme dem Diskursfeld Data Science schwerpunktmäßig vorschweben, die mittels der technisch quantifizierenden Arbeit mit Daten gelöst werden sollen. Diese Frage führt mitunter zur sogenannten »Identitätspolitik« (Fraser 2009). Data Science wird von den Feldakteuren als Profession positioniert, die insbesondere die Auswirkungen der Datenarbeit auf nicht genuin ökonomische, soziale Gruppen reflektiert. In zwei der drei untersuchten Subfelder (dem medialen und dem akademischen Subfeld) werden potenziell diskriminierende Auswirkungen von Datenprodukten auf soziale Gruppen intensiv thematisiert. Im Fokus der reflexiven Praktiken stehen Geschlechtsrollen, ethnische Zugehörigkeiten und sexuelle Orientierungen. Genuin ökonomische Kategorien, wie etwa Schichten, Klassen oder Armut, finden keine Berücksichtigung im Diskurs. Mittels des identitätspolitischen Berufsethos – das danach fragt, wie Datenprodukte so generiert werden können, dass sie die Diskriminierung von bestimmten sozialen Gruppen nicht (re)produzieren oder im Idealfall sogar dazu beisteuern, mehr Egalität herzustellen – können sich Data Scientists als altruistisch veranlagte Berufsgruppe positionieren. Data Scientists entwickeln mit der identitätspolitischen Absichtserklärung einen distinktiven Vorteil in Auseinandersetzungen mit anderen Berufen um die Vergabe der Jurisdiktion der digitalen Datenarbeit, die gesellschaftlich als sensibel und herausfordernd eingeschätzt wird und dementsprechend mit professionalen Statuschancen verbunden ist. Tentativ kann argumentiert werden, dass sich mit diesem professionalen Arbeitsethos der Identitätspolitik Konturen eines neuen Geistes des Kapitalismus (Boltanski, Chiapello 2013; Weber 2016) abzeichnen. Es wird das Gesellschaftsbild eines datenbasierten Kapitalismus proklamiert, der sich von der Diskriminierung sozialer Gruppen entlang von Identitäten befreit und für den es daher gerechtfertigt ist, engagiert zu arbeiten.

Fazit und Ausblick

Mit einer wissenssoziologischen Diskursanalyse von Data Science-Studiengangsbeschreibungen, Stellenanzeigen und medialen Artikeln wurde gezeigt, dass Data Science ihre professionale Autonomie über eine sukzessiv fortschreitende akademische Institutionalisierung, eine distinktive synergistische Fachexpertise und ein datensolutionistisch-identitätspolitisches Arbeitsethos herstellt. Die der Untersuchung zugrundeliegende Heuristik des professionalen Diskursfeldes ermöglichte dabei, die Rolle von eigendynamischen Wissensordnungen und kapitalbedingten Sprecher_innenpositionen im Kontext mehrerer sozialer Felder gleichzeitig im Blick zu behalten.

Die Arbeit bietet an mehreren Fronten Potenzial, die Erforschung von Data Scientists fortzuführen. Eine naheliegende Möglichkeit ist, die Ergebnisse dieser diskursanalytischen Untersuchung mit anderen methodischen Zugängen zum Feld zu kontrastieren. Durch Interviews und teilnehmende Beobachtungen könnte überprüft werden, inwiefern und auf welche Art und Weise die rekonstruierten diskursiven Deutungsmuster die nichtdiskursive Praxis im Feld anleiten und bedingen. Darüber hinaus eignen sich ethnografische Forschungen, um die Materialisierungen im Feld sowie die Rolle von technischen Objekten für die Arbeit von Data Scientists zu beobachten. Aus makrosoziologischer Perspektive drängt sich zudem die Frage nach der Rolle von Data Scientists im Gefüge der sich wandelnden kapitalistischen Ökonomie auf. Weisen Data Scientists auf die Emergenz einer neuen Schicht von Angestellten innerhalb spätmoderner Gesellschaften hin? Formiert sich womöglich mit den Data Scientists und anderen hoch qualifizierten digitalen Wissensarbeiter_innen gar eine neue Mittelklassenfraktion, eine Klasse von digitalen Professionals mit eigenem Bewusstsein und Kapitalformen? Die Soziologie muss sowohl die unteren wie auch die höheren Berufs- und Professionssegmente des zeitgenössischen Kapitalismus erforschen, um der Gesellschaft ein umfassendes Wissen darüber bereitstellen zu können, wie sich die Arbeitswelt und die damit verknüpften Herrschaftsverhältnisse wandeln.

Literatur

Abbott, A. 1988: The System of Professions. Chicago: University of Chicago Press.
Boltanski, L., Chiapello, È. 2013: Der Neue Geist des Kapitalismus. Konstanz: UVK.
Bourdieu, P. 2015: Sozialer Sinn. Kritik der theoretischen Vernunft. Frankfurt am Main: Suhrkamp.

Brandt, P. 2016: The Emergence of the Data Science Profession. PhD Dissertation.

Diaz-Bone, R. 2002: Kulturwelt, Diskurs und Lebensstil. Eine diskurstheoretische Erweiterung der bourdieuschen Distinktionstheorie. Opladen: Leske & Budrich.

Dorschel, R. 2019: Data Science: Analyse eines Professionsfeldes aus wissenssoziologischer Perspektive. Humboldt-Universität zu Berlin: Ms.

Foucault, M. 1981: Archäologie des Wissens. Frankfurt am Main: Suhrkamp.

Fourcade, M., Healy, K. 2016: Seeing like a market. Socio-Economic Review, vol. 15, no 1, 9–29.

Fraser, N. 2009: Social justice in the age of identity politics. In G. Henderson, M. Waterstone (eds.), Geographic thought: A praxis perspective. New York: Routledge, 72–91.

Freidson, E. 1988: Profession of Medicine. Chicago: University of Chicago Press.

Hamann, J. 2014: Die Bildung der Geisteswissenschaften: zur Genese einer sozialen Konstruktion zwischen Diskurs und Feld. Köln: Herbert von Halem Verlag.

Keller, R. 2011: Wissenssoziologische Diskursanalyse: Grundlegung eines Forschungsprogramms. Wiesbaden: VS.

Luckmann, T., Sprondel, W.M. 1972: Berufssoziologie. Köln: Kiepenheuer & Witsch.

Mau, S. 2017: Das metrische Wir: Über die Quantifizierung des Sozialen. Berlin: Suhrkamp.

Morozov, E. 2013: To save everything, click here: The folly of technological solutionism. New York: Public Affairs.

Mützel, S., Saner, P., Unternährer, M. 2018: Schöne Daten! Konstruktion und Verarbeitung von digitalen Daten. In D. Houben, B. Prietl (Hg.), Datengesellschaft. Über die Datafizierung des Sozialen. Bielefeld: Transcript, 111–132.

Nachtwey, O., Seidl, T. 2017: Die Ethik der Solution und der Geist des digitalen Kapitalismus. IFS-Working paper 11. Frankfurt am Main: Institut für Sozialforschung.

Pfadenhauer, M. 2003: Professionalität. Eine wissenssoziologische Rekonstruktion institutionalisierter Kompetenzdarstellungskompetenz. Opladen: Leske + Budrich.

Reckwitz, A. 2017: Die Gesellschaft der Singularitäten: Zum Strukturwandel der Moderne. Berlin: Suhrkamp.

Saner, P. 2019: Envisioning Higher Education: How Imagining the Future Shapes the Implementation of a New Field in Higher Education. Swiss Journal of Sociology, vol. 45, 359–381.

Schmidt-Wellenburg, C. 2012: Managementberatung und der diskursive Wandel des Managementfeldes. In S. Bernhard, C. Schmidt-Wellenburg (Hg.), Feldanalyse als Forschungsprogramm 2. Gegenstandsbezogene Theoriebildung. Wiesbaden: Springer, 25–58.

Staab, P. 2019: Digitaler Kapitalismus. Berlin: Suhrkamp.

Weber, M. 2016 [1904/1905]: Die protestantische Ethik und der Geist des Kapitalismus. Köln: Anaconda Verlag.

Veränderungen in der Mitgliedschaft

Neue Mitglieder

Prof. Dr. Valentin Aichele, LL.M., Berlin
Benjamin Ambiel, M.A., Heidelberg
Dzifa Ametowobla, Berlin
Kristin Beer, M.A., Witten
Tina Bopp, M.A., Basel
Katharina Braunsmann, M.A., Hannover
Dr. Anne Lisa Carstensen, Hamburg
Nur Demir, M.A., Marburg
Constanze Erhard, M.A., Marburg
Johanna Fleischer, M.A., Hamburg
Christian Flick, M.A., Berlin
Julian Fricke, M.A., Tübingen
Korbinian Gall, M.A., Hannover
Dr. Eric Cornelis Hendriks-Kim, Düsseldorf
Sarah Karim, M.A., Köln
Paul-Fiete Kramer, M.A., Bochum
Prof. Dr. Andreas Langer, Hamburg
Ruth Manstetten, Gießen
Nadine Maser, M.A., Hamburg
OStR. i. R. Hans-Jürgen Meyer, Wuppertal
Lars Jannik Karlson Mojem, M.A., Berlin
Christian Möstl, M.A., Flensburg
Dr. des. Silke Müller, Bochum
Monika Neht, Kiel
Rasmus Ollroge, Berlin
Prof. Dr. Sonja Preissing, Düsseldorf
Falk Justus Rahn, M.A., Hannover
Dr. Gilberto Rescher, Hamburg
Anna Rinne, M.A., Hamburg
Michael Schaller, M.Sc., Thaur
Veronika Schmid, München

Jana Leonie Schneider, M.A., Lübeck
Pauline Schneider, M.Sc., Bamberg
Dr. Julia Schöneberg, Düsseldorf
Andreas Stöckl, M.Sc., Bamberg
Ray Trautwein, M.A., Berlin
Ronja Trischler, Frankfurt am Main
Alexander Veling, M.A., Freising
Laura von Albedyhll, M.A., Friedrichshafen
Prof. Dr. Nina Weimann-Sandig, Fürth
Dipl. Soz. Luigi Wenzl, Frankfurt am Main

Neue studentische Mitglieder

Nadja Artweger, München
Carsten Braband, Berlin
Cassandra Chartouni, Münster
Carsten Dürr, Münster
Jonas Euteneuer, Münster
Marc Ludwig, Berlin
Clara Neff, Berlin
Mike Niederstraßer, Jena
Jonathan Rosenkranz, Würselen
Julien Schat, Bonn
Josua Sequenz, Karlsruhe

Austritte

Prof. Dr. Stefan Aufenanger, Mainz
Dr. Janina Curbach, Regensburg
Dipl.-Soz. Cornelia Egblomassé-Roidl, Germering
Prof. Dr. Stefan Görres, Bremen
Franziska Hodek, M.A., Eichstätt
Dipl.-Soz.Wiss. Milena Jostmeier, Münster
Prof. Dr. Bernhard Kittel, Wien
Prof. Dr. Heinz-Rüdiger Korff, Passau
Dr. Katja Mielke, Bonn
Dr. Rainer Neef, Göttingen

Maria Neubacher, M.A., Salzburg
Sonja Strunk, M.A., Engelskirchen
Prof. Dr. Helmut Thome, Berlin

Verstorben

Prof. Dr. Volker Kunz, Gau-Algesheim
Prof. Dr. Harry Hermanns, Berlin

ASI-Nachwuchspreis 2021

Im Jahr 2021 verleiht die Arbeitsgemeinschaft Sozialwissenschaftlicher Institute e.V. (ASI) zum sechsten Mal den ASI-Nachwuchspreis. Dieser richtet sich an Nachwuchswissenschaftler/innen, die an einem ASI-Mitgliedsinstitut beschäftigt oder persönliches Mitglied der ASI sind. Mit dem Preis werden herausragende Beiträge zur sozialwissenschaftlichen Forschung prämiert. Er wird in zwei Kategorien vergeben:

1. Artikel mit einer inhaltlichen sozialwissenschaftlichen Fragestellung
2. Artikel mit einer Fragestellung aus dem Bereich der Methoden der empirischen Sozialforschung

Über die Verleihung des Preises, der in beiden Kategorien mit 500,- € dotiert ist, entscheidet der Vorstand der ASI.

Voraussetzungen für die Einreichung, die sowohl durch den Autor/die Autorin selbst als auch durch Dritte erfolgen kann:

- Es handelt sich um einen empirisch ausgerichteten sozialwissenschaftlichen Artikel mit methodischer oder inhaltlicher Fragestellung.
- Der Artikel ist in Deutsch oder Englisch verfasst und wurde innerhalb der letzten drei Jahre in einer Zeitschrift mit Peer-Review-Verfahren publiziert.
- Mindestens eine Autorin/ein Autor war während der Entstehungszeit des Artikels an einem ASI-Mitgliedsinstitut beschäftigt oder ist persönliches Mitglied der ASI. Die Autoren des Artikels, die diese Bedingung erfüllen, haben zusammen einen Arbeitsanteil von mindesten 50 % am Artikel.
- Alle Autoren des Artikels sind Nachwuchswissenschaftler/innen. Bei nicht-promovierten Wissenschaftler/innen sollte der letzte Studienabschluss nicht länger als 8 Jahre zurückliegen. Bei promovierten Bewerber/innen sollte die Promotion nicht länger als 8 Jahre zurückliegen.

Einzureichen sind:

- Die Publikation.
- Ein Lebenslauf des Autors/der Autorin bzw. der Autoren/innen (mit einem Verzeichnis der bisherigen Publikationen).
- Eine Bestätigung des ASI-Mitgliedsinstituts, dass die Publikation (bzw. der persönliche Anteil des jeweiligen Autors/der jeweiligen Autorin) in wesentlichen Teilen am Institut entstanden ist.

– Falls eine/r der Autoren/innen während der Entstehungszeit nicht an einem *A*SI-Institut beschäftigt war: Erklärung über den jeweiligen Arbeitsanteil der *A*SI-Autoren/innen in Prozent.

Einsendungen im PDF-Format mit Angabe der Kategorie, für welche die Bewerbung erfolgt, bitte bis spätestens **1. April 2021** an:

Arbeitsgemeinschaft Sozialwissenschaftlicher Institute e.V. (ASI)
Unter Sachsenhausen 6-8
50667 Köln
E-Mail: asi@asi-ev.org

Habilitationen

Dr. Angela Graf hat sich am 22. Juli 2020 an der TU München habilitiert. Die Habilitationsschrift trägt den Titel »Herrschaftsverhältnisse in Bewegung – Transformationsdynamiken im wissenschaftlichen Feld Deutschlands«. Die venia legendi lautet Soziologie.

Dr. Athanasios Karafillidis hat sich am 26. August 2020 an der RWTH Aachen habilitiert. Die Habilitationsschrift trägt den Titel »Hybride Interfaces. Elemente einer soziologischen Theorie technischer Unterstützung«. Die venia legendi lautet Soziologie.

Call for Papers*

Theoretische Perspektiven und Bestimmung unterschiedlicher Typen von Kleingruppen

Digitale Workshops am 4. und 5. Februar sowie 20. und 21. Mai 2021

Zur Herleitung des Themas siehe den Artikel »Soziologie der Gruppen« von Stefan Kühl ab Seite 26 in diesem Heft.

Im Hinblick auf die mögliche Gründung einer Arbeitsgruppe oder Sektion Gruppensoziologie soll das theoretische und empirische Potential der Gruppensoziologie ausgelotet werden. Dafür sind zwei internetbasierte Workshops geplant, aus denen – bei entsprechender Qualität – jeweils Sammelbände hervorgehen sollen, in denen der aktuelle Forschungsstand und die möglichen Forschungsperspektiven fixiert werden.

Workshop 1: Zur theoretischen Verortung der Kleingruppe

In diesem internetbeasierten Workshop am 4. und 5. Februar 2021 (jeweils von 14 bis 18 Uhr) geht es um die theoretische Verortung des Gruppenbegriffs. Eingeladen sind dabei Beiträge, die sich mit theoretischen Problemstellungen einer Soziologie kleiner Gruppen beschäftigen. Dazu gehören programmatische Auseinandersetzungen mit der Kleingruppenforschung sowie die Erarbeitung verschiedener Zugänge zum Thema, etwa aus der Perspektive der Netzwerktheorie, der Tauschtheorie, der Feldtheorie, der sozialen Identitätstheorie oder der Systemtheorie. Unter anderem sollen folgende Fragen diskutiert werden:

* *Anm. der Redaktion:* Die Hinweise auf Calls und Tagungen wurden Mitte November 2020 zusammengestellt. Bitte prüfen Sie, ob sich Veranstaltungstermine, Deadlines oder Veranstaltungsformate aufgrund der Corona bedingten Regelungen geändert haben.

- Wie verhalten sich Gruppen und Face-to-Face-Interaktion zueinander? Wie laufen Interaktionen in Gruppen ab?
- Wie bildet sich Emergenz in Gruppen aus? Wie kommt es, dass Gruppen mehr sind als beispielsweise die Einstellung von Einzelpersonen, die ablaufenden Interaktionen oder Kombinationen von Zweierbeziehungen?
- Wie erklärt sich die geringe Rollendifferenzierung in Gruppen? Wie hängen Personen- und Rollenerwartungen miteinander zusammen?
- Wie wird Führung in Gruppen übernommen? In welcher Form können sich Führungsansprüche bei einzelnen Personen kristallisieren? Wie verhält sich dies zu den Egalitätsnormen in Gruppen?
- Wie bilden sich Normen in Gruppen aus? Wie werden sie durchgesetzt? Wie verändern sie sich?
- Sind Gruppen »gefühliger« als Organisationen? Wie unterscheiden sich Gefühle in Gruppen von Gefühlen in Familien und in Liebesbeziehungen?
- Welche Rolle spielen Themen in Gruppen? Welche Effekte hat die Personenorientierung von Gruppen auf die Erwartung von Themendiffusität? Wie können in Gruppen einzelne Themen prominent werden? Wie bilden sich Zwecke aus?
- Welche Rolle spielt die Anzahl von Mitgliedern bei der Bestimmung von Gruppen? Sollten Dyaden als Gruppen behandelt werden? Wenn ja, worin liegen die Spezifik dyadenförmiger Gruppen? Wo liegen Größenschwellen von Gruppen?
- Welches Verhältnis besteht zu Subsystemen in Organisationen? Sind Cliquen und Teams in Organisationen auch Gruppen? Oder macht es mehr Sinn, Gruppen abgegrenzt von Cliquen und Teams zu verstehen?
- Welches Verhältnis besteht zwischen Gruppen und Netzwerken? Sollen Gruppen als verdichtete Netzwerke verstanden werden? Gibt es Gruppen ohne Netzwerke?
- Wie verhält sich eine soziologische Gruppenbestimmung zu persönlichen Beziehungen? Sind persönliche Beziehungen eine Überkategorie von Gruppen oder finden persönliche Beziehungen in Gruppen statt?
- Wie verhält sich Gruppe zu Familien und Paarbeziehungen? Sollten Familien und Paarbeziehungen als Subkategorien von Gruppen verstanden werden oder als Alternativen zu Gruppen verstanden werden?
- Wie verhalten sich die Kategorien von Freundschaft und Gruppe zueinander? Sind Freundeskreise aufgrund ihres starken Personenbezugs der Idealtypus einer Gruppe? Oder ist Freundschaft vielleicht sogar eine bessere Kategorie als der häufig zu allgemein bestimmte Gruppenbegriff?

Workshop 2: Typen von Kleingruppen

Der zweite internetbasierte Workshop am 20. und 21. Mai 2021 (ebenfalls von 14 bis 18 Uhr) dient der Auseinandersetzung mit verschiedenen Typen von Gruppen. Dazu sollen die Besonderheit unterschiedlicher Gruppen wie Freundeskreise, Wohngemeinschaften, Sport-, Spiel-, Musik- und Freizeitgruppen, Selbsthilfegruppen, religiöse oder politische Gruppierungen, gewaltbereite oder kriminalisierte Gruppen wie Gangs, Jugendbanden, Ultras, Hooligans und terroristische Gruppen, Lesekreise, Studenten- und Wissenschaftlergruppen, Künstlergruppen und Ferienlagergruppen herausgearbeitet werden. Mögliche Fragen sind:

- Wie ist dieser jeweilige Gruppentypus in der modernen Gesellschaft entstanden? Welche Veränderungsprozesse hat dieser durchlaufen?
- Wie wird man Mitglied in einer solchen Gruppe? Welche Annäherungsprozesse sind notwendig?
- Welche Bedeutung hat die persönliche Erwartungsbildung in diesem spezifischen Typus von Gruppe? Welche Rollenerwartungen bilden sich aus?
- Welche normativen Erwartungen bilden sich in diesem Typus von Gruppen aus, und wie werden sie durchgesetzt? Wie verändern sich diese? Welche Sanktionsmechanismen gibt es?
- Was gilt als legitimes Thema in der Gruppe? Wie wird eine Verständigung über legitime Themen hergestellt?
- Welche Konflikte sind für diese Gruppen typisch? Wie werden diese ausgetragen? Wie werden sie gelöst?
- Wie werden diese Übergänge markiert? Welche Struktureffekte treten dabei auf?

Beide Workshops werden diskursiv angelegt sein. Es sind lediglich kurze Diskussionsimpulse von 10 bis 15 Minuten geplant. Texte werden eine Woche vorher an alle Teilnehmerinnen und Teilnehmer verschickt. Bei Interesse an einer Teilnahme an den Workshops nehmen Sie bitte bis **20. Januar 2021** (Workshop 1) bzw. **5. Mai 2021** (Workshop 2) – gegebenenfalls mit einer kurzen Ideenskizze – Kontakt auf mit

Stefan Kühl
E-Mail: stefan.kuehl@uni-bielefeld.de

Technological Change, Digitalization and Life Course Inequalities

Thematic Conference of the SOCIUM Research Center on Inequality and Social Policy, University of Bremen in cooperation with the Berlin Social Science Center (WZB) on 20th and 21st September 2021 at the Haus der Wissenschaft, Bremen

Technological change has major implications for social inequality. Most of the research focuses on changes in skill requirements and labor market transformations. Yet, digitalization, more than ever before, has the potential to impact inequalities across a wide range of life domains and for different groups in society. This workshop aims to connect researchers to discuss the most important developments and challenges that digitalization has for inequality. The aim is to stimulate and cross-fertilize research on digitalization and inequality regarding various dimensions of the life course and life periods/stages, across various institutional settings.

Example questions are: Are gender inequalities intensified or alleviated by technological changes? Do digital technologies foster family relations across generations? What are the implications of changes in skill requirements at work for the reproduction of social inequality? Can elderly benefit from technological advancements or are they left behind? How does digitalization impact ethnic inequalities and segregation (e.g. language barriers, labor market integration)?

This workshop encourages contributions on the following topics (but not limited to)

- Labor market inequality;
- Family relations;
- Gender inequality;
- Cognitive and noncognitive skills;
- Educational inequality;
- Work-life interferences;
- Well-being;
- Civic and democratic participation.

Keynote Speakers will be Tali Kristal (University of Haifa), Mario L. Small (Harvard University) and Glenda Quintini (OECD).

Research on the consequences of the COVID-19 pandemic is particularly welcome.

Conference organizers are Wiebke Schulz (SOCIUM) and Heike Solga (WZB). The scientific program committee consists of Mark Levels (Maastricht/ROA), Renea Loh Sze Ming (Nijmegen), Gina Potarca (Geneva), Wiebke Schulz (Bremen) and Heike Solga (Berlin). In accordance with the pandemic situation (parts of) the workshop may be held virtually.

There will be no conference fee. The ECSR will cover travel and accommodation costs up to 650 € for three outstanding PhD students. In order to be eligible for a travel award, the applicant must be the sole author, or the first author of the paper and the full paper must be submitted to and accepted by the workshop committee.

We invite researchers to submit abstracts of max. 1.000 words (plus three keywords). Deadline for submissions is **February 15, 2021**. Accepted speakers will be notified by May 1, 2021, the latest. Deadline for registration is August 15, 2021. Please send your proposal to

socium-ecsr@uni-bremen.de

Deutscher Studienpreis für Dissertationen

Ausschreibung der Körber-Stiftung

Der Deutsche Studienpreis zeichnet jährlich die besten deutschen Promovierten aller Fachrichtungen aus. Neben der fachwissenschaftlichen Exzellenz zählt vor allem die spezifische gesellschaftliche Bedeutung der Forschungsbeiträge: Die jungen Wissenschaftlerinnen und Wissenschaftler werden dazu ermutigt, den gesellschaftlichen Wert der eigenen Forschungsleistung herauszuheben und sich einer öffentlichen Debatte darüber zu stellen. Schirmherr des Deutschen Studienpreis ist Bundestagspräsident Wolfgang Schäuble.

Für substanzielle und innovative Forschungsbeiträge vergibt die Körber-Stiftung Preise im Gesamtwert von über 100.000 Euro, darunter drei Spitzenpreise à 25.000 Euro. Der Deutsche Studienpreis zählt damit zu den höchstdotierten wissenschaftlichen Nachwuchspreisen in der Bundesrepublik. Die Ausschreibung richtet sich an Promovierte aller wissenschaftlichen Disziplinen, die mit magna oder summa cum laude promoviert haben.

Neben der fachwissenschaftlichen Exzellenz zählt beim Deutschen Studienpreis vor allem die spezifische gesellschaftliche Bedeutung der jeweiligen Forchungsbeiträge. Gefragt ist dabei weniger die ökonomische Verwertbarkeit, wohl aber der gesamtgesellschaftliche Nutzen wissenschaftlicher Erkenntnis. Der Deutsche Studienpreis ermutigt den wissenschaftlichen Nachwuchs so dazu, den gesellschaftlichen Wert der eigenen Forschungsleistung herauszuheben und sich einer öffentlichen Debatte darüber zu stellen. Daher müssen die Teilnehmer auch kommunikative Qualitäten beweisen. Die Kandidaten, die es in die engere Wahl für den Preis geschafft haben, treten bei einer Auswahltagung auf: In einem Vortrag und einer anschließenden kurzen Debatte müssen sie die Jury von der fachlichen und gesellschaftlichen Bedeutung ihrer Forschungsarbeit überzeugen.

Mit eigenen Veranstaltungen und Publikationen bietet der Deutsche Studienpreis seinen Preisträgern darüber hinaus weitere Möglichkeiten, ihre Forschungsergebnisse auch über die Grenzen wissenschaftlicher Fachkreise hinaus einer breiten Öffentlichkeit bekannt zu machen. In diesem Sinne versteht sich der Deutsche Studienpreis als eine Plattform für junge Forschung.

Eine aus Mitgliedern des Kuratoriums zusammengesetzte Jury begutachtet die eingereichten Beiträge und wählt daraus – gegebenenfalls unter Einbeziehung externer Expertise – die besten Arbeiten aus. Die Verfasserinnen und Verfasser dieser Beiträge sind dann eingeladen, bei insgesamt drei ganztägigen, nach Fachgruppen getrennten Veranstaltungen ihre Forschungsergebnisse persönlich zu präsentieren und zu verteidigen. Auf dieser Grundlage entscheidet die Jury über die Vergabe der Preise. In jeder der drei Sektionen – in den Sozialwissenschaften, den Natur- und Technikwissenschaften sowie den Geistes- und Kulturwissenschaften – werden je ein Spitzenpreis à 25.000 Euro und zwei zweite Preise à 5.000 Euro verliehen. Die Auszeichnung der Preisträger durch den Bundestagspräsidenten erfolgt im Rahmen einer feierlichen Abendveranstaltung in Berlin.

Die Teilnahmebedingungen und einen Wettbewerbsleitfaden finden Sie unter https://www.koerber-stiftung.de/deutscher-studienpreis. Die Entscheidung der Jury ist endgültig; der Rechtsweg ist ausgeschlossen. Das Bewerbungsportal schließt am **1. März 2021** um 23:59.

Kontakt:
Friederike Schneider
E-Mail: schneider@koerber-stiftung.de

Tagungen

Territorien, Staat und Nation in der Wirtschafts- und Sozialgeschichte

4., virtueller Kongress für Wirtschafts- und Sozialgeschichte vom 7. bis 9. April 2021 in Wien

Die Gesellschaft für Sozial- und Wirtschaftsgeschichte und der Wirtschaftshistorische Ausschuss des Vereins für Socialpolitik veranstalten gemeinsam ihren 4. Kongress für Wirtschafts- und Sozialgeschichte.

Der von Staaten konstituierte politische und rechtliche Raum bildet einen wesentlichen Rahmen für wirtschaftliches und soziales Handeln. Politische Umbrüche und Einschnitte in der Organisation von Herrschaftsverbänden veränderten oft wirtschaftliche Institutionen sowie die Fähigkeit von Herrschaftsverbänden, institutionelle Regeln durchzusetzen (state capacity). Der langfristig ablaufende, im Einzelnen aber häufig disruptiv erfolgende Prozess der Staatsbildung kann deshalb als ein wichtiger Motor wirtschaftlicher Entwicklung angesehen werden.

Die Entwicklung verlief dabei keineswegs gradlinig. Dem Bemühen des Flächenstaats um Integration nach innen und Abgrenzung nach außen stehen wirtschaftliche Aktivitäten gegenüber, die die Grenzen des Territoriums überschreiten. So verlief der Siegeszug des modernen Flächenstaats im 19. Jahrhundert parallel mit der ersten Globalisierung. Mit der zweiten Globalisierung im 20. Jahrhundert fand sich der Flächenstaat als souveräne Einheit wieder grundsätzlich in Frage gestellt, und heute ist seine Zukunft offen.

In Ergänzung dazu stellt sich die Frage, wieweit wirtschaftliche und soziale Strukturen und Beziehungen die Ausformung der Flächenstaaten mitbestimmten, sowohl in ihrer Größe und Grenzziehung als auch im Ausmaß der Kontrolle, die sie auf ihr Territorium ausüben konnten. Der Begriff der Nation bildete dabei ab dem 19. Jahrhundert ein wesentliches Narrativ, um den inneren Zusammenhalt von Staaten zu fördern. Gleichzeitig waren

Staat, Nation und Wirtschaftsraum oft nicht deckungsgleich und es ist oft unklar, wieweit politischer Nationalismus wirtschaftlich integrierend oder desintegrierend wirkte. Gemeinsame nationale Zugehörigkeit konnte auch staatenübergreifend wirtschaftliche Bindungen ermöglichen und fördern, etwa über die Bindung von Auswanderern zu ihren Herkunftsländern. In multinationalen Staaten oder Staaten mit großen Minderheiten wiederum konnte der Wunsch nach nationaler Selbstbestimmung mit wirtschaftlichen Interessen in Widerspruch kommen.

Es ist geplanten Beiträge zum Kernthema sollen den Zeitraum vom Mittelalter bis zur jüngsten Vergangenheit aus der Perspektive von Individuen, Unternehmen, Gruppen oder Staaten untersuchen. Im Rahmen des offenen Teils sollen Beiträge zu Krankheit und Epidemien aus einer wirtschafts- und sozialgeschichtlichen Perspektive vorgestellt werden, die zur historischen Kontextualisierung der Covid19-Pandemie und einem besseren Verständnis möglicher kurz- und langfristiger Konsequenzen beitragen können.

Weitere Informationen erhalten Sie auf der Homepage der GSWG www.gswg.eu/Aktuelles/ und per E-Mail unter

GSWG@ur.de

Zeit. Zur Temporalität von Kultur

43. Kongress der Deutschen Gesellschaft für Volkskunde (dgv) vom 20. bis 23. September 2021 in Regensburg

Kultur und Zeit sind untrennbar verbunden. Kultur verändert sich innerhalb der Zeit und strukturiert zugleich Vorstellungen von Temporalität. Die Speicherung und Weitergabe von Wissen über lange Zeiträume hinweg organisieren kulturelle Handlungen, Identitäten und deren Transformationen. Diese Praktiken ermöglichen überhaupt erst Positionierungen des Menschen gegenüber der Welt, der Vergangenheit und der Zukunft, gegenüber kulturellen Prozessen und gesellschaftlichen Konventionen. Die Zeitlichkeit von Kultur ist eine grundsätzliche Prämisse empirisch-ethnografischer und historisch ausgerichteter kulturwissenschaftlicher Forschung.

Zeit ist aus Sicht einer empirischen Kulturwissenschaft eine grundsätzliche kulturelle Ordnungsleistung und – anders als in anderen Disziplinen – keine präexistente, der Kultur vorgängige physikalische Größe.

Temporalität fundiert die Auffassung von Kultur als prinzipiell geschichtlichem Phänomen. Zeitliches Handeln und Wissen sind immer raum- und sozialspezifisch. Die Wahrnehmung und Bedeutung von Zeit in Alltagskulturen unterliegt somit ständigem Wandel und soziokulturellen, politischen, räumlichen, ökonomischen oder biografischen Differenzierungen. Kontinuitäten, aber auch Konflikte zwischen divergierenden Zeitpraxen formieren in komplexer Wechselwirkung mit raumbezogenen und sozialen Kategorien individuelle und kollektive Identitäten. Zeitkulturen verleihen Gesellschaften ihren Rhythmus: Erinnerungspolitiken und Zukunftspraxen, Altersvorstellungen und Ereignisse des Lebenslaufs, die unterschiedlichen Tempi gegenwärtiger Arbeits-, Wirtschafts-, Konsum- und Freizeitwelten. Nicht zuletzt haben zeitliche Taktungen auch eine ökonomische Dimension der Wertschöpfung, sowohl in der Arbeitszeit wie in der Freizeit.

Aktuell illustrieren verschiedene Entwicklungen, welche hohe Bedeutung einerseits Retrotopien und Revisionen des Vergangenen, andererseits auch Utopien, Nachhaltigkeitsvisionen und zukunftsgerichtetes Handeln besitzen. Klimawandel, reaktionäre politische Systeme oder »Heritage-Boom«: Zahlreiche globale Konflikte des Anthropozäns entfalten sich entlang gegenläufiger kultureller Bewertungen von Kontinuität und Wandel, von Tradition und Moderne, von Fortschrittseuphorie und Zukunftsangst, von zyklischen und linearen Zeitmodellen, von Vergänglichkeit und Verlust. Die großen Individualisierungsschübe des 20. und 21. Jahrhunderts und die neoliberale Transformation sozialer Systeme und Arbeitswelten haben dabei zu einer Pluralisierung zeitlicher Ordnungen, historischer Erinnerungskulturen, Zukunftspraxen und etablierter Zeitregime geführt.

Das Interesse an Zeitlichkeit, der Gewordenheit und dem Werden gegenwärtiger Alltagswelten ist ein zentraler Ausgangspunkt von Forschung im Kontext Europäischer Ethnologie. So formierte sich zu Beginn des 19. Jahrhunderts nicht nur eine erste ethnografische Epistemologie in der Auseinandersetzung mit der Zeitlichkeit von kulturellen Phänomenen – hier in erster Linie Kontinuitäten und Traditionen –, sondern auch ein breites öffentliches Bewusstsein für die wachsende Bedeutung von Zeitregimen in der entstehenden industriellen Welt. Nicht zuletzt aufgrund jenes fachspezifischen Interesses an Traditionen und Transformationen, verfügt die Empirische Kulturwissenschaft / Kulturanthropologie / Europäische Ethnologie als historisch fundierte und gegenwartsorientierte Disziplin über besondere theoretische und methodische Kompetenzen in der Auseinandersetzung mit zeitlichen Ordnungssystemen, die etwa Thesen vom »Fall des Zeitregimes der Moderne« (Assmann 2013) empirisch reflektieren kann.

Zeitvorstellungen und -wahrnehmungen sind zugleich von langer Dauer und hochgradig dynamisch, teilweise universell und doch immer lokalisiert. Die Perspektive »Zeit« eröffnet Blicke auf Phänomene von Verdichtung, Be- und Entschleunigung sowie Resonanzen und Dissonanzen in makro- und mikro-sozialen Kontexten. Die Durchdringung individueller und kollektiver Lebenswelten durch Rhythmisierungen und Wertzuschreibungen bildet hier einen Fokus. Zeit als kulturelle Ordnungsleistung bleibt dabei nicht lediglich eine immaterielle Größe, sondern manifestiert sich vielfältig auch in der Materialität von Kultur. Die Entwicklung von Kalendarien und Uhren etwa verweist dabei ebenso auf natur-räumliches Erfahrungswissen (Klimaperioden, Vegetationszyklen, Mondphasen). Über die Etablierung von Mess- und Vergleichstechniken entwickeln Zeitregime in ihrer kulturellen Dinghaftigkeit vermehrt Macht als Taktgeber globaler Welten. Zeitmessungen und -kontrollen sind wichtige Kulturtechniken im Alltag. Jüngere digitale Regime entchronologisieren aktuell viele dieser traditionellen Muster und etablieren neue (A-)Synchronizitäten zum Beispiel von Arbeit und Freizeit, dem Lokalen und dem Globalen.

Moden und Trends bieten alltägliche Rhythmen und biografische Orientierungen, indem sie Kulturen der Unterhaltung und des Vergnügens, der Körperlichkeit, aber auch der Kleidung und Ernährung strukturieren. Der »Zeitgeist« misst kulturellen Phänomenen aus geschichtlich-sozialen Kontexten heraus Wertigkeit und Bedeutung zu und steht dabei selbst beständig im Mittelpunkt der Frage eines »guten« oder »zeitgemäßen« Lebens – etwa auch dann, wenn es um Fragen der Beschleunigung und der gefühlten zeitlichen Verdichtung unserer Alltage geht, um Freizeit und Muße oder der Vorstellung von »Zeitverschwendung«. So besteht zwischen der Fremd- und Selbstbestimmtheit zeitlicher Regime eine breite Kluft, die historische und gegenwärtige Identitäten grundsätzlich formiert, besonders in Bereichen wie den Arbeits- und Freizeitkulturen mit ihren Formen und Formaten der Selbstorganisation und Selbstoptimierung, aber auch im Alltag wie in Mahlzeitensystemen und im Konsum.

Zeitliches Handeln findet in der Gegenwart statt, richtet sich aber – etwa in Festen und Ritualen – oft auf Vergangenheit oder Zukunft und impliziert so Planen und Hoffen ebenso wie Erinnern und Vergessen. Der politische und religiöse Rekurs auf Geschichte etabliert Vergangenheiten, die zeitlich in die Gegenwart hineinragen und diese fundamental prägen und in Wert setzen – nicht zuletzt auch über die Materialität von Kultur, etwa in Retro-, Vintage- oder Sammelpraktiken. Die Konjunktur von Cultural Heritage fällt ebenso unter diese aktiven Zeitpraxen wie die auf eine lebenswerte Zukunft gerichteten Proteste der »Fridays for Future«-Bewegung oder Praktiken der Nachhaltigkeit, etwa im Bereich der Ernährung und der Landwirtschaft. Gerade das Bewusstsein der Eigenzeit von Ressourcen und Narrative der Vergänglichkeit und Endlichkeit bilden einen basso ostinato gesellschaftlicher Debatten zum Anthropozän, der globale Produktions- und Konsumkulturen angesichts einer fragilen Zukunft grundsätzlich infrage stellt. Als machtvolle kulturelle Ordnungskategorie steht Zeit also im Mittelpunkt konkurrierender Wissens- und Werteordnungen und ist damit selbst ein Gegenstand kulturwissenschaftlicher Wissensproduktion. Vor allem die scheinbar unendlichen Möglichkeiten digitaler Wissensspeicher leiteten in den letzten Jahrzehnten einen Paradigmenwechsel in der Sichtbarkeit von Vergangenem ein. Vor allem kulturhistorische Museen stehen vor dem Hintergrund dieser zunehmenden Synchronizitäten historischer Repräsentationen, Utopien und Dystopien inmitten einer wachsenden politischen und national-kulturellen Aneignung von Geschichte vor gewaltigen Herausforderungen. Zeitlichkeit als strukturgebende Bedingung wird dabei in den Museen anhand des Sammelns und Kuratierens, des Erzählens und Erinnerns, aber auch im Kontext von Public History und Citizen Science deutlich, darüber hinaus fordert sie auf der Ebene methodologischer Diskussionen und im Forschungsprozess eine fortwährende Auseinandersetzung ein.

[*Aus aktuellem Anlass*: In Krisenzeiten brechen unbekannte und unvorhersehbare Entwicklungen etablierte und vertraute Strukturen auf; Alltagsroutinen, Sicherungssysteme und materielle Existenzbedingungen verlieren ihre Basis; politische, ökonomische und soziokulturelle Systeme formieren sich neu. Auch zeitliche Ordnungen verschieben sich massiv, wie sich in der aktuellen CORONA-Krise zeigt: Zeit wird – je nach Lebenszusammenhängen – be- oder entgrenzt, persönliche und gesellschaftliche Planungen verlieren ihre Verbindlichkeit oder erhalten nun besondere Dringlichkeit, Bezüge zwischen Zeit und Raum müssen neu definiert werden, neue (Un-)gleichzeitigkeiten entstehen und bestehende werden verschärft. Soziale Beziehungen lösen sich teilweise von nahräumlichen Bezügen und sind verstärkt an Wissen über und Verfügbarkeit von technischen Geräten gebunden. Die Folgen von Beschränkungen auf der einen und Freiräumen auf der anderen Seite sind ebenso Verlust von Vertrautem und Verlässlichkeit wie verstärkte Hoffnungen auf eine Zukunft mit solidarischen Vergemeinschaftungsprozessen. Dystopische und utopische Vorstellungen überlagern sich und illustrieren die Widersprüchlichkeit und Offenheit der gegenwärtigen Herausforderung. Eine kulturwissenschaftliche, theoretisch informierte Auseinandersetzung mit Zeit und der Zeitlichkeit von Kultur scheint gerade angesichts der globalen Pandemie mit den politischen, sozialen, ökonomischen Verwerfungen dringlicher denn je.]

Der 43. Kongress der Deutschen Gesellschaft für Volkskunde möchte unter dem Titel »Zeit. Zur Temporalität von Kultur« eine tiefere Auseinandersetzung mit Zeit als prinzipieller Kategorie in der Formierung und Erforschung gegenwärtiger und historischer Kulturen anregen. Der dgv-Kongress 2021 sieht grundsätzlich drei verschiedene Beteiligungsformate vor:

Plenarbeiträge: Im Plenum werden ca. 30-minütige Einzelbeiträge mit anschließender Diskussion vorgestellt.

Sektionen: Parallel finden zweistündige Einheiten aus üblicherweise drei thematisch verwandten Einzelvorträgen statt (jeweils ca. 20 Minuten Präsentationsdauer mit anschließender Diskussion). Die Gruppierung der Vorträge erfolgt durch die Kongressorganisation.

Panels: ebenfalls parallel stattfindende zweistündige Einheiten mit einem übergreifenden Thema.

Neben diesen klassischen Präsentationsformen wird es auch Raum für *innovative und experimentelle Formate* geben, die etwa neue oder ungewöhnliche didaktische Methoden oder interaktives Arbeiten ermöglichen sollen. Der Regensburger Kongress will darüber hinaus die auf den vorherigen Kongressen etablierte Tradition der forschungspraktischen und fachpolitischen *Workshops* weiterführen. Themen können hier etwa Fragen der Forschungsethik, Methodologie, Digitalisierungspraxis etc. sein. Eine wichtige Rolle nimmt auch das *studentische Panel* ein, das verschiedene Möglichkeiten bieten soll, laufende studentische Forschungsarbeiten und Projekte vorzustellen und zu diskutieren.

Nähere Informationen erhalten Sie von der Geschäftsstelle der Deutschen Gesellschaft für Volkskunde.

Kontakt:
Claus-Marco Dieterich
E-Mail: geschaeftsstelle@d-g-v.de

Vielfältige Familien: Elternschaft und Familie/n jenseits von Heteronormativität und Zweigeschlechtlichkeit

Tagung des Zentrums für transdisziplinäre Geschlechterstudien (ZtG), des Lehrbereichs Soziologie der Arbeit und Geschlechterverhältnisse und des DFG-VielFam-Projektes, in Kooperation mit der Universität Hamburg am 7. und 8. Oktober 2021 an der Humboldt-Universität zu Berlin

Was ist eine Familie und wenn ja, wie viele? Elternschaft, Familie und Verwandtschaft werden in vielen Arenen und historischen Epochen verhandelt: ob in Politik und Medien, Comics und Filmen, Künsten und Wissenschaften, Technologie und Medizin, im Recht oder im privaten Alltag. Neben der ›heterosexuellen Kernfamilie‹, die im *golden age of marriage* rechtlich und normativ institutionalisiert war, werden und wurden Elternschaft und Familie in diversen Konstellationen verwirklicht. Diese Pluralität findet heute teils rechtliche und gesellschaftliche Anerkennung. Zugleich werden aber Elternschaft und Familie jenseits der heterosexuellen Norm in vielen Staaten heftig bekämpft. Dabei sind die Leitbilder, Repräsentationen und gelebten Wirklichkeiten von Familie und intimen Nahbeziehungen – historisch und global gesehen – weder vorsozial noch ein für alle Mal gegeben, sondern unterliegen fortwährendem Wandel.

Für die gegenwärtigen Verhandlungen von Familie, Verwandtschaft und Elternschaft sind verschiedene Aspekte besonders prägend: Neben sozialen und kulturellen Entwürfen von Näheverhältnissen und Wahlverwandtschaften spielen auch neue Reproduktionstechnologien und die dadurch vermittelte Vorstellung von ›genetischer Wahrheit‹ eine zentrale Rolle. Eine Verengung auf leiblich-genetische Verwandtschaft steht der Anerkennung von sozialer und rechtlicher Elternschaft dabei möglicherweise entgegen. Angesichts der wachsenden Bedeutung neuer Reproduktionstechnologien sind Debatten über einander widersprechende Konzepte, über Normen und Praktiken, Chancen und Risiken, Anerkennung und Erfahrungen daher drängender denn je. Dabei müssen die ethischen, ökonomischen und gesellschaftspolitischen Implikationen dieser Möglichkeiten auch vor dem Hintergrund transnationaler Ungleichheiten sowie nationaler Bevölkerungspolitiken diskutiert werden. So sind die ›Freiheitsversprechen‹ einer reproduktiven Wahl, zum Beispiel angesichts rechtlicher Restriktionen im eigenen Land, mit Ausweichrouten in ausländische Kliniken verbunden, und die globale Ökonomisierung reproduktiver Arbeit produziert neue Ungleichheiten.

Zwar wird heute zunehmend darum gekämpft, eine große Pluralität familialer Lebensformen zu verwirklichen. Doch trans* und queer Lebende sowie rassifizierte und ökonomisch deprivilegierte Menschen stehen vor großen Herausforderungen, wenn sie rechtliche und gesellschaftliche Anerkennung einfordern oder Reproduktionsmedizin in Anspruch nehmen wollen.

Im Fokus der Tagung stehen Verwandtschaftsbeziehungen, Familiengründungen und Elternschaften jenseits von heterosexueller Norm und Zweigeschlechtlichkeit. So ermöglichen Reproduktionstechnologien wie Samenspende, In-Vitro-Fertilisation oder Surrogacy (sog. ›Leihmutterschaft‹) Familiengründungen mit heterogenisierter Akteur_innenbeteiligung, stärken aber auch leiblich-genetische gegenüber anderen Elternschaften. Dass das reproduktive ›Personal‹ sich gleichwohl nicht notwendigerweise mit dem ›Elternpersonal‹ deckt, zeigt sich in Begriffsneuerungen wie Mehrelternschaft, Multiple Elternschaft und Co-Parenting. Was Elternschaft und Familie (nicht) sind oder sein sollen, wird in gesellschaftlichen Narrativen und Diskursen, medialen und künstlerischen Repräsentationen sowie rechtlichen Norm- und Normalitätsvorstellungen ausgehandelt. Diese reagieren keineswegs nur passiv auf technologisch-medizinische Innovationen, sondern entwerfen ihrerseits neue Vervielfältigungen von ›Familie‹, Generationalität und Zusammenleben. Die Frage, wie alte und neue Elternschaftskonstellationen und Familienformen vor diesem Hintergrund gelebt, repräsentiert und rechtlich reguliert werden, eröffnet eine Vielzahl theoretischer, analytischer und empirischer Perspektiven.

Die Tagung »Vielfältige Familien« will dieses Themenfeld in seiner Komplexität erkunden, lässt bewusst Raum für die Diskussion von Ambivalenzen und lädt ein zu Beiträgen mit folgenden Schwerpunkten:

- Historischer Wandel und Persistenz von (Ideal-)Vorstellungen zu Mutterschaft und Vaterschaft: Elternschaft jenseits von Cisnormativität;
- Reproduktive und familiale Handlungen, Darstellungen und Imaginationen queerer Utopien und Visionen in Theater und Literatur, Filmen und anderen Medien;
- (Ungleiche) rechtliche und sozialpolitische Anerkennungsordnungen für Elternschaft, Familie und Verwandtschaft;
- Biopolitische Regulierung und Ermöglichungen (oder Begrenzungen) von Reproduktionsmedizin im trans/nationalen Kontext, einschließlich Implikationen für ein wissenschaftlich-theoretisches und/oder alltagspraktisches Verständnis von Familie und Verwandtschaft;

- Familiale und reproduktive (Alltags-)Praxen dies- und jenseits der heterosexuellen Norm und Zweigeschlechtlichkeit;
- Bevölkerungspolitiken: Geschlecht – Sexualität – Rassismus – Nation;
- Post/koloniale und migrationswissenschaftliche Perspektiven;
- Rechtliche Imaginationen der »guten Familie«: über »Kindeswohl«, »Elternrecht«, Recht auf »Kenntnis der Abstammung« und Anfechtung der »(Schein-)Vaterschaft«;
- Familie und/oder Kinderlosigkeit: intergenerationale Beziehungen, single mothers and fathers? (by choice), bewusste Entscheidung für ein Leben ohne eigene Kinder u.v.m.;
- Familie(n) der Zukunft? Utopien und Dystopien zwischen Blutsbanden und Wahlverwandtschaft, Intimität und Solidarität, Keimzelle des Staates und politischer Privatheit.

Aus historisch-vergleichenden, post/kolonialen, inter- und transdisziplinären Perspektiven, insbesondere geschlechter- und queertheoretisch informierten Zugängen, wollen wir uns zu den genannten Themen an zwei Tagen austauschen.

Konzeption und Organisation der Tagung liegen bei Gabriele Jähnert, Jasmin Köhler, Ulrike Lembke, Leoni Linek, Mona Motakef, Almut Peukert, Nadja-Christina Schneider, Julia Teschlade, Ulrike Vedder und Christine Wimbauer.

Kontakt:
ztg-vielfam@hu-berlin.de

Prof. Dr. Birgit Blättel-Mink, Goethe-Universität Frankfurt, Institut für Soziologie, Theodor-W.-Adorno-Platz 6, D-60629 Frankfurt am Main, E-Mail: birgit.blaettel-mink@kwi-nrw.de

PD Dr. Alexander Bogner, Österreichische Akademie der Wissenschaften, Institut für Technikfolgenabschätzung, Apostelgasse 23, A-1030 Wien, E-Mail: alexander.bogner@oeaw.ac.at

Robert Dorschel, M.A., University of Cambridge, Department of Sociology, 16 Mill Lane, Cambridge, CB2 1SB, UK, E-Mail: rcd49@cam.ac.uk

Dr. Benedikt Fecher, Alexander von Humboldt Institut für Internet und Gesellschaft, Französische Straße 9, D-10117 Berlin, E-Mail: fecher@hiig.de

Prof. Dr. Julika Griem, Kulturwissenschaftliches Institut Essen, Goethestraße 31, D-45128 Essen, E-Mail: julika.griem@kwi-nrw.de

Prof. Dr. Stefan Hirschauer, Johannes Gutenberg-Universität Mainz, Institut für Soziologie, Jakob-Welder-Weg 12, D-55128 Mainz, E-Mail: hirschauer@uni-mainz.de

Apl. Prof. Dr. Markus Holzinger, Georg-August-Universität Göttingen, Platz der Göttinger Sieben 3, D-37073 Göttingen, E-Mail: markus.hol zinger@sowi.uni-goettingen.de

Prof. Dr. Stefan Kühl, Universität Bielefeld, Fakultät für Soziologie, Postfach 100131, D-33501 Bielefeld, E-Mail: StefanKuehl@metaplan.com

Prof. Dr. Lars Rinsdorf, Hochschule der Medien, Institut für qualitative Medien- und Innovationsforschung, Nobelstraße 10, D-70569 Stuttgart, E-Mail: rinsdorf@hdm-stuttgart.de

Anika Steppacher, M.A., Universität Bielefeld, Fakultät für Geschichtswissenschaft, Philosophie und Theologie, Universitätsstraße 25, D-33615 Bielefeld, E-Mail: anika.steppacher@uni-bielefeld.de

Prof. Dr. Paula-Irene Villa Braslavsky, Ludwig-Maximilians-Universität München, Institut für Soziologie, Konradstraße 6, D-80801 München, E-Mail: paula.villa@lmu.de

Prof. Dr. Monika Wohlrab-Sahr, Universität Leipzig, Institut für Kulturwissenschaften, Beethovenstraße 15, D-04107 Leipzig, E-Mail: wohlrab @uni-leipzig.de

Birgit Blättel-Mink, Alexander Bogner, Benedikt Fecher, Julika Griem, Lars Rinsdorf, Paula Irene Villa-Braslavsky
Herausforderungen und Chancen von Wissenschaftskommunikation in den Gesellschaftswissenschaften

Mit der zunehmenden Ökonomisierung sowie der Vermessung und Digitalisierung von Wissenschaft steht der akademische Sektor vor enormen Herausforderungen. Der Bedarf der Öffentlichkeit an wissenschaftlicher Expertise und die Erwartungen an eine faktenbasierte Politik sprechen alle Disziplinen an, dies ist nicht erst seit der Coronavirus-Pandemie offensichtlich. Vor diesem Hintergrund sind »Wissenschaftskommunikation« und »Public Science« zu eigenständigen und zunehmend geforderten Elementen akademischer Praxis geworden. Die disziplinären Besonderheiten erfordern jedoch differenzierte Analysen dieser neuen Entwicklung. Der Workshop zu Herausforderungen und Chancen von Wissenschaftskommunikation in den Gesellschaftswissenschaften hat sich in diesem Lichte auf die Erkenntnisse aus der (soziologischen) Wissenschaftsforschung konzentriert. Der vorliegende Text dokumentiert die Abschlussdiskussion.

With the increasing economization as well as the ›governance by numbers‹ and digitalization of science, the academic sector faces tremendous challenges. The public's need for scientific knowledge and expectations of fact-based policies affect all disciplines; this has been obvious not only since the coronavirus pandemic. In this light, »science communication« and notions of »public science« have become independent and increasingly demanded elements of research and teaching. However, the disciplinary characteristics require differentiated analyses of this new development. The workshop on challenges and opportunities of science communication in the social sciences focused on the findings of (sociological) science research. This article documents the closing discussion.

Stefan Kühl
Soziologie der Gruppen

Nach einer Hochphase nach dem Zweiten Weltkrieg hat die soziologische Forschung über Gruppen erheblich an Bedeutung verloren. Ein Ausdruck dieses Bedeutungsverlustes ist, dass es in der deutschsprachigen Soziologie inzwischen keinen Ort gibt, in denen Überlegungen zur Soziologie der Gruppe diskutiert werden. Der Niedergang des Konzeptes ist maßgeblich darauf zurückzuführen, dass lange Zeit in der Soziologie, Psychologie und Ethnologie mit einem weiten und diffusen Begriff der Gruppe gearbeitet wurde. Ziel des hier vorgestellten Vorhabens ist zu diskutieren, ob ein enger, über personenbezogene Kommunikation bestimmter Begriff die soziologische Diskussion über Gruppen wiederbeleben kann. Die theoretischen und empirischen Potentiale und Begrenzungen einer Soziologie der Gruppe werden geprüft.

After a peak period after the Second World War, sociological research on groups has lost a lot of its importance. One expression of this loss is that there is no place in German-speaking sociology where thoughts on the sociology of the group are discussed. The decline of the concept of group is largely due to the fact that for a long time, sociologists, psychologists and ethnologists have worked with a broad and diffuse concept of the group. The aim of the project presented here is to discuss whether a narrow definition of group can revive the sociological discussion. The theoretical and empirical potentials and limitations are examined.

Stefan Hirschauer
Ungehaltene Dialoge

Dieser Beitrag versucht, den professionspolitischen Konflikt um die Gründung der sogenannten ›Akademie für Soziologie‹ aus einer wissenschafts- und konfliktsoziologischen Perspektive zu verstehen und mögliche Wege der Konfliktlösung zu skizzieren. Er stellt vier Fragen: Welche Art von Einheit kann es für die allgemeine Wissenschaft des Sozialen geben? Welche diskursiven Bedingungen braucht intradisziplinäre Integration? Welche fachlichen Strukturen lassen sich für Sachkonflikte nutzen? Welche organisatorischen Konsequenzen folgen daraus? Die These des Beitrags ist, dass die Lagerung der Soziologie als allgemeine Wissenschaft vom Sozialen zwischen einer großen Zahl von Nachbarfächern, die erhebliche Fliehkräfte ausüben, nur eine konfliktfreudige Einheit des Faches erlaubt.

This paper aims to comprehend the profession-political dispute around the founding of the so-called ›Academy for Sociology‹, viewing it through the lens of the sociology of science and conflict sociology, outlining on this basis possible pathways to conflict resolution. The paper addresses four issues: What kind of unity is possible for the general science of the social? What discursive preconditions are required for intra-disciplinary integration? What professional structures can be utilised for disputes regarding the subject matter at the heart of the discipline? What are the organisational consequences that would follow? The paper postulates that conserving sociology as the general science of the social – positioned as it is between multiple neighbouring disciplines subjecting it to considerable centrifugal force – only allows for disciplinary unity that is open to conflict.

Markus Holzinger
Im Westen noch immer nichts Neues

In einem kürzlich in der SOZIOLOGIE (Heft 4, 2020) veröffentlichten Text nimmt Marius Meinhof Bezug auf einen von mir zur Diskussion gestellten Aufsatz. Dieser war aus Anlass der E-Mail Debatte zwischen Manuela Boatcă, Sina Farzin und Julian Go als Replik publiziert worden, in der es um die Relevanz einiger neuerer Thesen zum Thema »postkolonialer Turn« in der Soziologie ging. Meinhof kritisiert, ich würde »den Unterschied zwischen Kolonialismusforschung und den Anliegen des Postkolonialismus« vernachlässigen. Man müsse zwischen einer »Soziologie des Kolonialismus« und der »postkolonialen Soziologie« unterscheiden. In diesem Beitrag soll Meinhofs Kritik entkräftet werden. Darüber hinaus wird die Plausibilität seiner Unterscheidung und seine dabei zu Grunde gelegten Unterscheidungskriterien geprüft.

In a text recently published in SOZIOLOGIE (no. 4, 2020) Marius Meinhof refers to an essay I have submitted for discussion. This was published as a replica on the occasion of the e-mail debate between Manuela Boatcă, Sina Farzin, and Julian Go, which dealt with the relevance of some recent theses on the topic of »postcolonial turn« in sociology. Meinhof critizises me neglecting »the difference between colonialism research and the concerns of postcolonialism«. One has to distinguish between a »sociology of colonialism« and »postcolonial sociology«. This article is intended to refute Meinhof's criticism. In addition, the plausibility of his distinction and the differentiation criteria on which it is based will be examined.

Anika Steppacher
Von allen Wahrheiten die Beste

Esoterische Religiosität kann als besondere Form *Unsichtbarer Religion* auf dem gegenwärtigen religiösen Feld verstanden werden. Sie zeichnet sich aus durch eklektische und komplexe Deutungsmodelle sowie eine vermeintliche Eindeutigkeit in der Auseinandersetzung mit empirisch nicht zugänglichen Fragen. Doch wie kann ohne Religionsgemeinschaft oder einheitlichen Lehrkorpus eine Weltansicht ausgehandelt werden, die als stabil und kohärent erlebt wird? Wie wird die Bewältigung von Kontingenzerfahrungen ermöglicht? In wissenssoziologischer Perspektive geht der Beitrag diesen Fragen in einer hermeneutisch-rekonstruktiven Analyse von sechs Glaubensentwicklungsinterviews nach. Sampling und Auswertung orientieren sich an der Grounded Theory-Methodologie, die es erlaubt ein fallübergreifendes Muster zu rekonstruieren: Ausgehend von einem *Unbehagen in der modernen Gesellschaft* wird eine demgegenüber stehende *kosmische Ordnung* imaginiert. Vermittelt über ein *sakralisiertes*

Selbst sehen sich die Interviewten in der Lage auf jene unmittelbar über die Aneignung *spiritueller Werkzeuge* zuzugreifen und damit eine geradezu *magische Handlungsmacht* zu erlangen. Esoterische Weltansichten können letztendlich als *Wissensglaube* charakterisiert werden, der ein in sich kohärentes Deutungsmodell mit einem als allumfassend imaginierten Zugang zur Wahrheit bietet.

Esoteric religiosity can be interpreted as a special form of *Invisible Religion* within the contemporary religious field. It is characterized by eclectic and complex interpretation models as well as an unambiguousness in the way it deals with questions that are not empirically accessible. However, how is it possible to negotiate a worldview that can be experienced as stable and coherent without a religious community or a uniform body of teachings? How is it possible to cope with contingency experiences? From a sociological perspective of knowledge, the contribution pursues these questions in a hermeneutic-reconstructive analysis of six faith development interviews. Sampling and analysis are based on the Grounded Theory methodology which allows the reconstruction of patterns beyond the single cases: A *Discomfort in Modern Society* causes the imagination of a contrasting *Cosmic Order*. Mediated by a *Sacralized Self* the interviewees think of themselves as capable of directly accessing this transcendent order by acquiring *Spiritual Tools* which grant them an almost *Magical Agency*. An esoteric worldview can therefore be characterized as *Wissensglaube* (Knowledge Belief) that offers a coherent interpretation model with the imagination of an all-encompassing access to the truth.

Robert Dorschel
»Data Science«

Der Beitrag analysiert die Professionalisierung von »Data Scientists« aus wissenssoziologischer Perspektive. Data Scientists werden zunehmend von diversen Akteuren herangezogen, um große Datenmengen auszuwerten. Im Anschluss an die Wissenssoziologie werden berufliche und professionale Zuständigkeiten für bestimmte Problemfelder jedoch nicht als natürlich Gegebenes verstanden, sondern als Ergebnis von Auseinandersetzungen um die Durchsetzung und Objektivierung sozialer Denk- und Deutungsweisen. Aufbauend auf einer Zusammenführung der Foucaultschen Diskurstheorie und der Bourdieuschen Feldtheorie soll die eigendynamische diskursive Konstruktion von Data Scientists in verschiedenen gesellschaftlichen Arenen analysiert werden. Mittels der diskursanalytischen Auswertung von Stellenanzeigen, Studiengangsbeschreibungen und medialen Artikel wird gezeigt, dass das Diskursfeld Data Science ihre professionale Autonomie über eine doppelsinnige akademische Institutionalisierung, eine distinktive synergistische Fachexpertise und ein solutionistisch-identitätspolitisches Arbeitsethos herstellt.

The article analyses the professionalisation of »data scientists« from a sociology of knowledge perspective. Data scientists are increasingly used by various actors to evaluate large amounts of data. In recurrence to the sociology of knowledge, occupational and professional responsibilities must, however, not be understood as naturally given, but rather as the result of conflicts over the objectification of interpretation patterns. Based on a combination of Foucault's discourse theory and Bourdieu's field theory, the article analyses the self-dynamic discursive construction of data scientists in different societal arenas. Employing a discourse analysis of job ads, study programs and media texts, it is shown that the discursive field of data science establishes its professional autonomy through an equivocal academic institutionalization, a distinctive synergistic expertise and an ethic that combines solutionism with identity politics.

Bitte berücksichtigen Sie bei der Fertigstellung Ihres Manuskriptes folgende Hinweise zur Textgestaltung. Bitte verwenden Sie die neue deutsche Rechtschreibung, verzichten Sie möglichst auf Abkürzungen und formulieren Sie Ihren Beitrag in einer geschlechtergerechten Sprache.

Fußnoten nur für inhaltliche Kommentare, nicht für bibliographische Angaben benutzen.

Literaturhinweise im Text durch Nennung des Autorennamens, des Erscheinungsjahres und ggf. der Seitenzahl in Klammern. Zum Beispiel: (König 1962: 17).

Bei *zwei AutorInnen* beide Namen angeben und durch Komma trennen, bei *drei und mehr AutorInnen* nach dem ersten Namen »et al.« hinzufügen.

Mehrere Titel pro AutorIn und Erscheinungsjahr durch Hinzufügung von a, b, c … kenntlich machen: (König 1962a, 1962b).

Mehrere aufeinander folgende Literaturhinweise durch Semikolon trennen: (König 1962: 64; Berger, Luckmann 1974: 137)

Literaturliste am Schluss des Manuskriptes: Alle zitierten Titel alphabetisch nach Autorennamen und je AutorIn nach Erscheinungsjahr (aufsteigend) geordnet in einem gesonderten Anhang aufführen. Hier bei mehreren AutorInnen alle namentlich, durch Kommata getrennt, nennen. Verlagsort und Verlag angeben.

Bücher: Luhmann, N. 1984: Soziale Systeme. Grundriss einer allgemeinen Theorie. Frankfurt am Main: Suhrkamp.

Zeitschriftenbeiträge: Müller-Benedict, V. 2003: Modellierung in der Soziologie – heutige Fragestellungen und Perspektiven. Soziologie, 32. Jg., Heft 1, 21–36.

Beiträge aus Sammelbänden: Lehn, D. von, Heath, Ch. 2003: Das Museum als Lern- und Erlebnisraum. In J. Allmendinger (Hg.), Entstaatlichung und soziale Sicherheit. Opladen: Leske + Budrich, 902–914.

Im Literaturverwaltungsprogramm **Citavi** können Sie unseren **Zitationsstil** »Soziologie – Forum der Deutschen Gesellschaft für Soziologie« nutzen.

Fügen Sie Ihrem Manuskript bitte eine deutsche und eine englische **Zusammenfassung von maximal je 15 Zeilen**, sowie **Name, Titel und Korrespondenzadresse** bei. Schicken Sie Ihren Text bitte als .doc oder .docx **per e-mail** an die Redaktion der Soziologie.

Für **Sektionsberichte** beachten Sie bitte, dass einzelne Tagungsberichte 7.500 Zeichen (inkl. Leerzeichen) nicht überschreiten sollten. Für Jahresberichte stehen max. 15.000 Zeichen zur Verfügung.

Nina Degele

Political Correctness – Warum nicht alle alles sagen dürfen

2020, 233 Seiten, broschiert, € 24,95; ISBN 978-3-7799-3996-2

»Dieses Buch kann aber mehr als einen Beitrag leisten für politische Debatten und zur Zivilisierung gesellschaftlicher Diskurse. Nach dem Lesen fühle ich mich noch stärker darin - auch argumentativ - zu sagen: mein Ziel ist es politisch korrekt zu sein, d. h. ich bekenne mich zu den Regeln, die alle Menschen auffordern, die jeweils anderen in ihrer Würde und ihren Rechten zu respektieren.« Renate Künast

Judith Eckert / Diana Cichecki

Mit »gescheiterten« Interviews arbeiten

Impulse für eine reflexiv-interaktionistische Interviewforschung

Qualitativ forschen - Aktuelle Ansätze, 2020, 184 Seiten, broschiert, € 19,95; ISBN 978-3-7799-3900-9

Eckert und Cichecki arbeiten heraus, wie qualitativ Forschende „gescheiterte" Interviews erkenntnisförderlich nutzen können, und geben Impulse für eine reflexiv-interaktionistische Neuausrichtung der qualitativen Interviewforschung.

Sören Stumpf /David Römer (Hrsg.)

Verschwörungstheorien im Diskurs

Interdisziplinäre Zugänge

4. Beiheft zur »Zeitschrift für Diskursforschung«
2020, 336 Seiten, broschiert, € 39,95; ISBN 978-3-7799-3536-0

Der Band vereint Beiträge aus verschiedenen Disziplinen, die Verschwörungstheorien als sozial konstruierte Wissensordnungen untersuchen.

www.juventa.de

BELTZ JUVENTA